無難なフレーズ

元ルイ・ヴィトン トップ販売員の

encyclopedia of paraphrase
for customer service.

# 接客フレーズ言いかえ事典

心が動くフレーズ

土井美和

大和出版

はじめに

## 〝無難なフレーズ〟では、お客様の心は動かない

■笑顔でお声がけしても、全員からスルーされてしまう
■ヒアリングをすればするほど、お客様は困った顔をする
■商品提案をしても、心に刺さらず断られてしまう
■困った場面に遭遇すると、曖昧なことしか言えない
■決断を後押しする〝よいフレーズ〟が、思いつかない
■売上ノルマはクリアできても、リピートしてくださるお客様がいない

あなたは、日々接客をする中で、このような悩みを抱えていませんか?

**その原因は、〝無難なフレーズ〟を使い回しているからかもしれません。**

本書でいう無難なフレーズとは、「何かお探しですか?」「サイズ違いもございますので」「よろしければお鏡ございますので」など、多くの販売員さんが日常的に使っ

ている〝ありきたりな定型文〟という意味です。

私自身、販売員になって間もない頃は、お客様に素っ気ない態度をとられると、もう傷つきたくないという守りに入ってしまって、無難なフレーズでしか接客ができなくなっていたように思います。

**たしかに、無難なフレーズは「自分の言葉」ではないので、無視されても深く傷つくことはないかもしれません。**

**しかし、同時にお客様の心を動かすことがないのも事実です。**

ここで少し自己紹介をさせてください。

私は、2020年までの19年間、ルイ・ヴィトンで販売員をしていました。

その日の売上よりも、「お客様との関係構築」に重きをおいた接客をすることで、毎年トップクラスの売上実績を出し、全国顧客保有数1位にもなりました。

現在は、その経験を活かし、企業研修や個別の講座で販売員さんなどに、「永久リピート顧客のつくり方」を伝授しています。

そんな私も冒頭でお話ししたように、「お客様からの反応が返ってこず、売上に繋がらない」と悩んだ時期がありましたが、これは、「今日の売上だけで終わらない接客をする」と意識を変えたことで解消されました。その後も、初回接客の出会いをきっかけに、「またあなたに会いたい」「あなただから買いたい」とリピートしていただくためにはどうすればいいのか、ずっと試行錯誤してきました。

**そして、たどり着いたのが、「恐れずに、臆せずに一歩踏み込む」ということです。**
**本書では、私が19年間の販売員人生で見出した、お客様との距離を深める言葉・リピートされる言葉を、〝心が動くフレーズ〟として紹介していきます。**

もしかすると、ここまでの話を聞いて「無難なフレーズは、絶対に使わないほうがいいの？」と思われたかもしれませんが、そうではありません。無難なフレーズが必要なお客様もいますし、タイミングによってはそれがベストな場合もあります。

**ただ、もしもあなたが、あの頃の私と同じように、どのお客様に対しても闇雲に、無難なフレーズを多用しているならば、ほんの少し勇気を出して、心が動くフレーズに言いかえてほしい、ということです。**そうすれば、

- アプローチすると自然に会話が広がり、お客様も楽しそうに話してくれる
- お客様をよく知ったうえで商品紹介や提案ができるので、売上に繋がりやすい
- 「あなただから買いたい」と長きに渡って、あなたを指名してくれる

というように、視界が開けていくはずです。

本書は、クライアントである企業様や販売員さんから日々いただくたくさんの悩みをもとに、具体的なフレーズを豊富に盛り込んで、あなたが明日から現場ですぐに活かせるように心を込めて書き上げました。

**まずは、目次に掲載されている〝無難なフレーズ〟を確認し、「自分だったら、どんなフレーズに言いかえる?」と一度考えてみてください。そして、本文で答え合わせをするようなイメージで、〝心が動くフレーズ〟と解説を読み進めていただければ幸いです。**とくに、あなたがこれまで先輩や上司に聞いてもなかなか解決しなかった悩みをお持ちならば、きっと本書が解決の糸口になることでしょう。

それでは、本文でお会いしましょう!

土井美和

# 接客フレーズ言いかえ事典　目次

# 第2章

## 「ヒアリング」すればするほど、お客様は困った顔をするんです

答えやすい質問で、真のニーズをひき出す

第3章

# 「商品提案」をしても、心に刺さらず断られてしまいます

主体的に考えて、チャンスを逃さない

## 第4章 「困った場面」に遭遇すると、曖昧なことしか言えません

言いづらいことほど、さらりと言いかえる

# 第5章

## 「決断を後押し」するよいフレーズが、思いつかないんです

未来を見せて、安心してもらう

# 第6章

## 関係をぐっと深め、「永久リピート」される方法を教えてください

たったひと言で、また会いたいと思われる

※目次では「×無難なフレーズ」のみを掲載しております。「〇心が動くフレーズ」については本文をご覧ください。

# 第1章

# 笑顔で「お声がけ」しても、全員からスルーされてしまいます

## ——定型文をアップデートする

# 1

## 店内にお客様を呼び込む

心が動く
フレーズ

無難な
フレーズ

中ほどに他のお色も
ございますので（メリット）、
ぜひご覧ください

いらっしゃいませ、
どうぞ店内
ご覧くださいませ！

「どうぞ、店内ご覧くださいませ！」と闇雲に声出しするだけでは、なかなか入店するきっかけはつくれません。1人ひとりのお客様に対して、「○○ですので（メリット）、ぜひ店内へどうぞ」と入店するメリットを伝えたほうが効果的です。

入店前のお客様に対して、「いらっしゃいませ、どうぞ店内ご覧くださいませ！」と大きな声で呼びかける販売員さんをよく目にします。これは店内に活気がある、という印象は与えられますが、対象の誰かに向けた「声がけ」ではないので、耳に届いても心に届くものではありません。

**入店前のお客様であっても、入店後のお客様であっても基本は同じ。お客様の様子をよく観察してお声がけしたいところです。**

お客様の目線が入口にディスプレイされているワンピースに向いているならば、「**こちらのワンピース、とても素敵ですよね。他のお色が中ほどにございますので、ぜひ店内へどうぞ**」と店内に誘導します。

店内に他のお客様がいらっしゃらず、入りづらそうに中を覗いているお客様には、「**こんにちは。今でしたらゆっくりご覧いただけますので、ぜひぜひ**」と決して大きな声ではなく温かく優しい声を意識してお伝えします。

店内の奥が気になっている様子のお客様であれば、「**中にも商品たくさんご用意していますので、ぜひ奥までご覧になってみてくださいね**」とお伝えします。

このように、1人ひとりのお客様の行動をしっかり観察したうえで、**入店するメリットを添えて声をかけ、入店を躊躇されているお客様にはとくに温かい笑顔で「どうぞどうぞ」「ぜひぜひ」というように誘導できるといいと思います。**

さらに、私はいつもお客様に対する「自分の立ち位置」を意識していました。

お客様の真正面に立ってお話しする場面はよくありますが、「正面」という位置は、心から感謝を伝えたいときや謝罪をしたいときには効果的ですが、通常の接客時にはお客様に緊張や圧力を感じさせてしまうこともあります。

そこで、とくに最初のお声がけでは、お客様の真正面に立つよりも斜め横あたりで少し距離を縮め、一緒に歩き出すように誘導すると入店しやすいと思います。

また、このときお客様の手荷物の反対側に立つのが理想的です。荷物があると、お客様との距離が開いてしまいますし、貴重品が入った荷物側に立つのはお客様も好まれないはず。そこまで配慮できるとベストです。

## 入店するきっかけは、商品じゃなくてもいい

他にも、真夏日にお客様が暑そうにされていたら、**「どうぞ店内とても涼しいので、お立ち寄りください」**というお声がけもできます。

「え？　ただ涼んでもらうだけ？」と思われるかもしれませんが、それが入店されるきっかけになるのであれば、商品をご紹介するきっかけもそこでつくることができるのです。**「本当に今日は暑いですよね。涼みながら、せっかくなのでぜひご覧になっていかれてくださいね」**と笑顔でお伝えしましょう。

**私がここでお伝えしたかった大事なことは、闇雲に「どうぞご覧ください！」と機械的な言葉を投げかけてもお客様には届かないということです。**むしろ警戒されてしまって逆効果ということすらあります。

お客様にお声がけする最初の言葉ですから、もっと慎重によく観察して、目の前のお客様にはどのような言葉が響くのか、考えていけるといいですね。

POINT

**ベストポジションは、お客様の斜め横・手荷物の反対側**

# 2

## 歓迎の気持ちを伝える

**心が動く行動**

忙しいときでも、入店されたお客様に笑顔とアイコンタクトを忘れない

**無難な行動**

忙しいときには、なかなかお客様の入店に気づけない

笑顔とアイコンタクトをきちんと向けることで、まるで自宅に友人を招くような歓迎の気持ちが伝わります。「歓迎」は次のアプローチへのハードルを下げてくれますし、お客様から気軽に声をかけやすい空気も演出することができます。

ここでは、ファーストアプローチをする前段階の「歓迎」について振り返ってみましょう。歓迎とは、セールスをするということはいったん横に置いて、純粋に「ようこそわが家へ、ゆっくりくつろいでいかれてくださいね」と、友人や家族を自宅に招くような気持ちを伝えることです。

**接客中で声が出せない状況でも、入店されたお客様や、目の前を通るお客様に視線を向け、「いらっしゃいませ」と口パクをしたり、笑顔のアイコンタクトを送ることで、言葉に頼らずに歓迎を伝えることができます。**

そして、歓迎はあなたがお客様に気づいた瞬間から始まるものではありません。お客様はあなたが気づくより先に、あなたに気づき、見ていることが多いのです。

先日、私が百貨店に行ったときのお話を少しさせてください。

ある衣服ブランドの新作を見たいなと思って、目的のブランドへ向かいました。

お店に入ると販売員さんは1人しかいらっしゃらず、レジ前で書類を広げて書きものをしていました。私はラックに掛かっている洋服をしばらく見ていましたが、販売員さんは私になかなか気づきません。

お忙しいのかなと思いつつ「すみません」と声をかけると、すぐに顔を上げ「いらっしゃいませ。何かお探しですか?」と応えてくれました。

「ちょっとこのTシャツが見たくて」と伝えると、素敵な笑顔で対応してくださり、コレクションのことなどを詳しくお話ししてくれました。

## せっかくの機会を、見逃していませんか?

しかし、です。あの状況であれば、その後も気づかぬうちに、退店していくお客様はたくさんいるだろうなと思ったのです。

私はその日、目的を持ってお店に行ったので、「せっかくこれが見たくて来たし、聞いてみよう」と声をかけましたが、「今は声をかけたらまずいかな」と声をかけないお客様もいるはずです。

これは、今回のように作業をしている状況に限りません。店内が混雑しているとき、入店されたお客様に目もくれず一目散に歩いていたり、忙しさで顔が怖くなっていたりしても同じです。きっとお客様は、「忙しそうだな、また今度にしようかな」と声をかけられず退店してしまうことでしょう。

ここで、先ほどの販売員さんであれば、作業に没頭せずに、手を動かしながら意識はお客様のほうに向けておく必要があります。**入店されたらその場で顔を上げ、遠くからでも、笑顔とアイコンタクトで「歓迎」を伝えることができるはずです。**

このような歓迎が事前にできていれば、その後、

**「（ゆっくりご覧になってみて）いかがですか。何か気に留まるものはありましたか？」**

**「何か気になるものはありましたか？　せっかくいらしたのですから、ぜひおっしゃってくださいね。ぜひお試しになってくださいね」**

と、スムーズにファーストアプローチに入ることができます。

とくに目的を持っていないお客様に対しては、〝気になる商品があったときに話しかけたい〟と思われる空気をつくっておくことが大切です。

目的もなく訪れたお店でちょっと気になる商品があったとき、声がかけやすいかどうかで売上は大きく変わります。

**目的がないからこそ〝声をかけやすかったから〟聞いてみよう、〝話しかけやすそうだから〟試着してみよう、というきっかけがつくれなければ、もちろん接客の機会も失われてしまいます。**

あなたはお客様と接していない時間でも、口角が上がっていますか？　お客様から声をかけやすい表情になっていますか？　ぜひ、自分自身を振り返ってみてください。

POINT

**「歓迎」ができていれば、お声がけのハードルはぐっと下がる**

# 3

# 入店されたお客様をしっかり観察する

心が動く行動

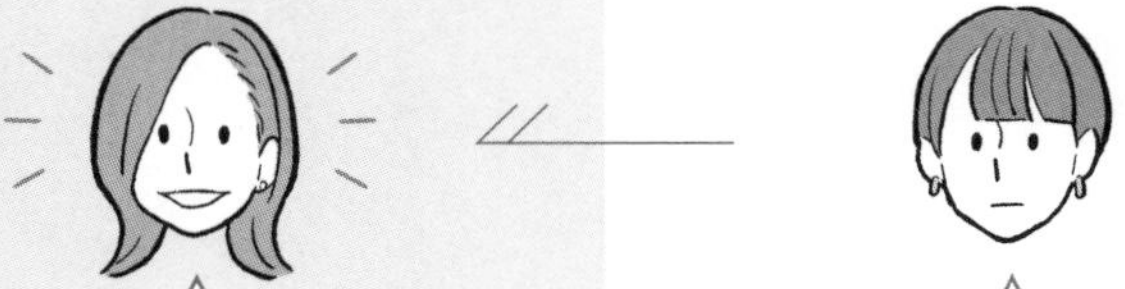

お客様の身なり・持ち物・言動までしっかりと観察する

無難な行動

お客様がどの商品を見ているか観察する

ファーストアプローチのタイミングやフレーズはすべてのお客様に共通するものではありません。だからこそ、まずはお客様1人ひとりの身なり・持ち物・言動をよく観察する必要があります。

ファーストアプローチは、多くの販売員さんが難しいと感じるステップではないでしょうか。ただ、心に届くファーストアプローチができるようになれば、その後の接客する機会、そして購入いただくチャンスも増やすことができるので、臆せずトライしていってほしいところです。

**そこで大切なのは「お客様をよく観察すること」です。気配を感じとられることなく、お客様の持ち物・身なり・言動をアプローチ前に観察しましょう。**

- 持ち物から「携帯とお財布しか持っていないから、車でいらしたのかな」「大きなバッグをお持ちだから旅行か出張なのかな」「人気のお菓子屋さんの紙袋をお持ちだから、今日並んできたのかな」
- 身なりから「スーツ姿だからお仕事帰りかな」「浴衣姿だから花火大会に行くのかな」「平日だけどラフな格好だから、今日はお休みなのかな」
- 言動から「女性ものをご覧になっているからギフトをお探しかな」「さっきから何度もあのニットを触っているな」「あのバッグに目が留まっているな」「きょろきょろしてる、誰か探しているのかな」「寒いっておっしゃってる、外は相当寒いんだな」

このように想像できると、お客様の心が動く言葉でアプローチが可能です。

例えば、携帯と財布しか持っていないお客様であれば、

**「今日はお車でいらしたのですか？　駐車場、混んでいませんでした？」**

とお客様の持ち物を観察したからこそできるお声がけから、会話を始められます。

「さむー」と言いながら入店されたお客様には、

**「今日は本当に寒くなりましたね。店内暖かくしていますので、ぜひゆっくりされてくださいね」**

と、お客様の言葉を聞いたからこそのお声がけができるというわけです。

## すべてのお客様が、あなたにとっては見込み客

販売員時代、私は〝誰からも声をかけられず退店されるお客様をつくらない〟ことを強く意識していました。「寒くなってきたからちょっと秋冬物を見たくて」「単純に入りやすい雰囲気だったから」「ふと好きな色が目に入ったから」……、どんな理由のお客様に対しても、せっかく来てくださったからには、その出会いを無駄にしたく

ないと思っていました。

**極端な話、「ふと好きな色が目に入ったけれど、お店に入って商品をよく見たら好きな形じゃなかった」という結果になってもいいのです。なぜなら、「この色に惹かれた」と知ることさえできれば、そこから別のご提案ができるからです。**

つまり、どんな入店理由でも購入に繋がる可能性が大いにあるということです。

たとえそれが今日でなかったとしても、退店される際に「また改めて来てみよう」と思ってもらえるような体験を提供したいですね。

POINT

「観察」なくして、お客様との関係構築は成し得ない

# 4

## 警戒されないお声がけをする

**心が動くフレーズ**

**無難なフレーズ**

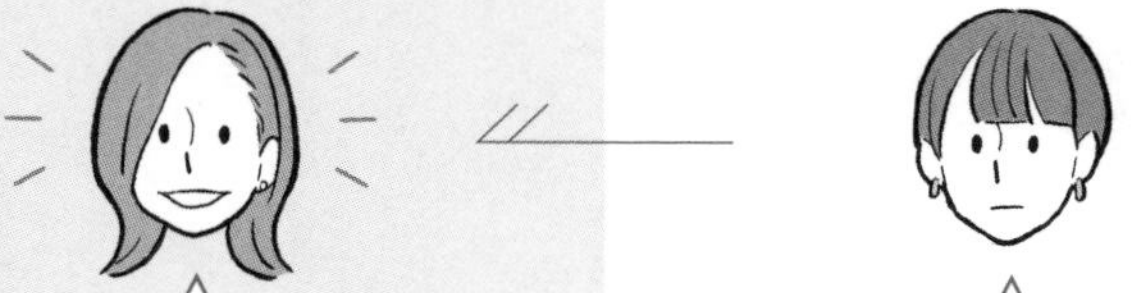

たくさん種類があるので
迷いますよね。
普段からスカートを
着られることが多いのですか？

いらっしゃいませ、
何かお探しですか？

お客様にリラックスしていただくためには、気持ちに寄り添う言葉をかけながら、「普段は○○ですか？」と聞くアプローチが有効です。お客様のバックグラウンドを知るきっかけにもなります。

販売員「いらっしゃいませ、何かお探しですか？」
**お客様「あ……、見ているだけなので大丈夫です」**

このように、「何かお探しですか？」とアプローチしても応えてもらえないのは、「商品を探している＝購入意欲がある」と思われることをお客様が警戒しているからです。または本当に何も探していなくて、「何かいいものないかなぁ」と漠然とご覧になっているだけかもしれません。

私自身、ウィンドウショッピングをしていたときに、「何かお探しものがあればお伺いします」と声をかけられ、何も探していないので居づらくなり、その場を足早に去った経験があります。何かを探しているお客様には有効なアプローチでも、この日の私のように何も探していないお客様にとっては、困ってしまうアプローチになるのだと改めて感じた瞬間でした。

**つまり、すべてのお客様が目的を持っていらしているわけではないので、「何かお探しですか」というアプローチは、「何か探している」というのがわかるお客様以外には避けたいところです。**

## 商品に直結しないから、関係構築の近道になる

そこでおすすめなのが、「商品と直結しない話」をきっかけにファーストアプローチをすることです。前項のようにお客様を観察したうえで、お客様の持ち物・身なりをきっかけにアプローチをすると、自然と会話が広がっていきます。

**「お持ちのバッグ、とても素敵な色ですね。いつもそんなに荷物が少ないんですか？」**

**「そのような明るい色のバッグはよくお持ちになるんですか？」**

というように、**まずは今日お持ちのもの・お召ものを褒めたり触れたりしながら、「普段からそうなのか」「今日は珍しくそうなのか」という点を聞くことができると、その後の商品紹介にもうまく繋がります。**

販売員「普段はあまりこのような色は持たないのですね。たまたま誕生日にご主人が選んでくれたのですね。でしたら大切に使わないとですね（笑）」

**お客様「そうなんです。基本的にこのくらいのサイズは好きなんですけど、やっぱり**

**シンプルな黒いバッグがほしいなと思っていて」**

他にも、スカートばかり手にとっているお客様であれば、**「たくさん種類があるので迷ってしまいますよね。普段からスカートを穿かれることが多いのですか？」**と**お客様の動きや目線を観察したうえで、お客様の気持ちを代弁するような、気持ちに寄り添う言葉を加えられると「何か買わされるかも」という警戒心を解くことができます。**

お客様も十人いたら十通りのお声がけがあり、これが正解、というマニュアルがないからこそ追及していく楽しさがあるのです。

ぜひ、今日から「何かお探しですか？」を封印して、あなたなりの新しいアプローチを探してみてください。

POINT

**「気持ちを代弁＋普段から○○ですか？」で、和やかに会話を始める**

# 5

## 一歩踏み込んでいいお客様かどうか判断する

心が動く行動

歓迎を受けとったお客様のみ、天気・持ち物・身なりをきっかけに声をかける

無難な行動

どのお客様に対しても、天気・持ち物・身なりをきっかけに声をかける

お客様に歓迎が届いていない状態で、いきなり「今日は暑いですね」「素敵なお召しものですね」とお声がけしても、残念ながら受け入れてもらえません。歓迎の段階でお客様が受けとってくださったかをひとつの目安にするといいでしょう。

お客様の持ち物・身なり、他にも天気をきっかけにファーストアプローチする、これはとてもいいことです。前項でお伝えしたように、「商品と直結しない話」をきっかけにアプローチすることで、お客様にリラックスしていただけます。

しかし、このような方法を試しても、うまくいかないことってありますよね。

販売員「**いらっしゃいませ。素敵なバッグですね！**」

**お客様**「**どうも……**（会釈）」

お客様の持ち物を褒めてみたけど、なんだか引かれている……。もしあなたに心当たりがあるようだったら、あと少しだけお客様を観察してほしいのです。

**お声がけをするお客様を選ぶの？　いいえ、そうではありません。すべてのお客様にお声がけすべきです。ただ、お客様によってお声がけの種類を変えてみるのです。**

例えば「ご来店ありがとうございます」と歓迎の言葉を伝えたときに、なんとなく目を合わせてくれたり、笑顔を見せてくれたり、軽く会釈してくださるような方は、あなたの歓迎を受けとってくれたお客様です。

**そのようなお客様とは、関係構築が始まっているので、天気・持ち物・身なりなどに触れてもごく自然に受け入れてくださることが多いです。**

**「今日は少し涼しくなりましたね。店内秋冬物も多数入荷していますので、ぜひごゆっくりご覧ください」**

とお声がけすると、「はーい」や「ありがとう」と返してくださるので、「何かあればお手伝いいたしますので、お気軽におっしゃってください」と続けてお伝えし、見守りながらセカンドアプローチに備えます。

## 「歓迎」の反応で、伝えるタイミングを見極める

一方、歓迎の言葉を伝えても、どこか伏し目がちで、目を合わせていただけないお客様に、いきなり「今日は少し涼しいですね!」「そのバッグ素敵ですね!」とアプローチしても、かえって引かれてしまいます。

**そのようなお客様には、「いらっしゃいませ。ご来店ありがとうございます」と歓**

**迎をしっかり伝えたうえで、それ以上は踏み込まず見守ることが賢明です。**

少し距離をとりながら、セカンドアプローチ、サードアプローチをすることで、少しずつ心を開いていただけたら、

**「実はさっきからお客様のバッグが気になっていて。とっても素敵です！　ちなみにどちらのものなんですか？」**

と、あとから持ち物に触れることもできます。必ずしも、最初に持ち物・身なりを褒めなくてもいいのです。「実はさっきからずっと素敵だなと思っていたのですが……」と伝えると、お客様はとても喜んでくださるのではないでしょうか。

このような言葉は、関係構築ができているからこそ心を動かすのだということを、ぜひ覚えておいてください。

POINT

**スルーされる最大の理由は、「歓迎」が届いていないから**

# 6

# 鏡の前に誘導したり、試着をすすめる

心が動く
フレーズ

着たほうが
シルエットのよさがわかる
ニットなので（メリット）、
ぜひ試着してみてください

無難な
フレーズ

よろしければ、
ご試着いただけますので

お客様から断られても傷つかないように、当たり障りのない言葉に逃げてしまいがちではありますが、ここは「よろしければ」ではなく「ぜひ」という言葉とともに、“試着するメリット”をお伝えできるといいですね。

**「よろしければ、ご試着いただけますので」**
**「よろしければ、お鏡でご覧ください」**
**「よろしければ、サイズ違いもありますので」**

つい、このような定型文を使い回していませんか？
これらの言葉は自分で考えた「自分の言葉」ではないので、お客様の反応が薄かったりスルーされたりしても深く傷つくことはないでしょう。しかし、同時によく聞く言葉だからこそ、耳には届いても、お客様の心には届きません。

**一方で、お客様をよく観察し、そのお客様に合わせて発した言葉であれば、無視されたときのショックは大きいかもしれませんが、そのぶんお客様の心にしっかり届く確率が格段に上がります。**

だからこそありきたりな定型文はできるだけ使わずに、どんな言葉が目の前のお客様に届くのかを考えたいところです。

では、どのように伝えられるのか。行動すると得られる「お客様のメリット」をお伝えするといいと思います。例えば、鏡に誘導したいときには、

**「ぜひ鏡の前でお合わせになってみてください、ここは照明が少し暗いのですが、鏡の前だと明るいのでお顔映りもよくわかると思います」**

**「あちらのスペースのほうが広いので、ぜひあちらでゆっくりご覧になってください」**

と鏡で見るメリットをお伝えしつつ、「ぜひ、お荷物はこちらの台を使ってくださいね」と鏡の前でゆっくりと合わせていただける環境を整えます。

また、私も普段そうなのですが「試着が面倒くさい」という人も多くいます。ブーツやストラップサンダルなど脱ぎづらい靴で来てしまったとか、脱ぎづらい服で来てしまったとか、理由はそれぞれあると思いますが、**そんなお客様の「面倒」という感情に寄り添いながらご試着いただけるようなお声がけをします。**

**「こちらのニットは合わせていただくよりも着ていただいたときのシルエットがとっても綺麗なので、ぜひ実際に着てみてください」**

**「（ワンピースをお召しならば、パンツを渡して）こちらのニットはパンツと合わせるとイメージしやすいので、ぜひご一緒に合わせてみてください」**

**「ブーツ脱ぐの大変ですよね。ありがとうございます。でもせっかくなので、ぜひご試着してみてください。試着室を出る際、履きやすいようにこちらのシューズもご用意しておきますので、ぜひお好みで履いてみてくださいね」**

このように〝面倒くさい気持ち〟に寄り添いながら、でもしっかりとご試着のメリットを伝えます。

「よろしければ」「よろしければ」と伝えていても、よろしいことにはなりません。

**先ほどのように、鏡の前で明るいところで合わせたほうが、そして試着したほうがイメージが伝わりやすい、ときちんと理由を伝えながら「（なので）ぜひ」とお伝えしましょう。**「よろしければ」よりもずっとお客様に届く言葉になるはずです。

POINT

## 人は自分にメリットがないと、動かない

# 7

# お声がけ①　足早に商品をご覧になっている(1)

## 心が動くフレーズ

（退店間際に）
何か気になるものはございましたか？

## 無難なフレーズ

（入店時に）
何か気になるものはございますか？

お客様のペースに急かされるようにお声がけするのではなく、商品をご覧になっているのを見守りながら、退店間際にお声がけする方法もあります。足早なお客様を懸命に追いかけるより、一呼吸おいてからのお声がけが有効なときもあるのです。

足早に店内の商品をご覧になっているお客様には、「早く駆け寄って声をかけなければ！」と焦る販売員さんもいるのではないでしょうか。

しかし、何かお探しの様子なのか、目的がなくざっとご覧になっているだけなのか、ここでもお客様をよく観察して想像力を働かせる必要があります。

迷いなくコーナーへ向かう、駆け足で入店しきょろきょろしているなど、何かを探している様子であれば、「何かお探しですか？」と声をかけます。

**定型文ではなく、何か探している様子のお客様への「何かお探しですか？」という声かけは、「そうなんです、実は……」と答えてくださることが多いです。**

一方、目的がなくてざっと商品をご覧になっているお客様であれば、ゆっくりご覧いただきながら一度歓迎の言葉を伝えます。

**「ご来店ありがとうございます。ぜひごゆっくりご覧くださいませ」**

**「いらっしゃいませ、こんにちは。何かお手伝いできることがあれば、いつでもお声がけくださいませ」**

すると、「あ、あのバッグって他のサイズもありますか？」とすぐに話してくださるお客様もいますし、まだ商品を見ているお客様であれば、軽く会釈程度で引き続きご覧になるかもしれません。

後者の場合、無理に会話を続けようとせず、ひとまずゆっくりご覧いただけるよう見守ります。ディスプレイを直したりストックを整理しながら、お客様が必要なときにはすぐにお手伝いできる距離で、意識はお客様に向けておきます。

**ただし、そのまま退店されてしまわないよう、自分がアプローチをしたお客様は責任をもって最後までお見送りしたいところです。**

退店間際であっても「店内ご覧になられて、何か気になるものはございましたか？」ともう一度お声がけできるといいですね。

**お客様**「秋冬の新作が気になっていて。そろそろ入荷してるかなと思って、近くで仕事があったのでちょっと寄ってみました」

販売員「そうなんですね！　この真夏の時期にすでに秋冬物を意識されているなんて、素敵ですね。このあたりにはよくお仕事でいらっしゃるんですか？」

**お客様**「しょっちゅうではないけど、月1くらいは来てるかな」

販売員「そうなんですね。来月にも秋冬の新作が少しずつ入荷してまいりますので、ぜひまたお近くにいらっしゃる際は、お立ち寄りいただけたら嬉しいです」

**今日はざっと商品を見ているだけのお客様にも、またご来店いただけるよう、何かしら情報をお持ち帰りいただくことや、短い時間であってもお客様を知り、自分自身を覚えていただけるように、工夫します。**

それでも、逃げるように去って行かれるお客様がときにいますが、「本当に声もかけられたくない」ということもあるので、無理に追わなくて大丈夫です。

その場合は、追いかけてかえって不快な思いをさせてしまうよりも、そのまま気持ちよくお帰りいただきましょう。

POINT

**どのお客様にも、ひとつ情報を持ち帰ってもらおう**

# 8

# お声がけ② 足早に商品をご覧になっている(2)

心が動く行動

お客様の動線を先回りして、お迎えできるように待つ

無難な行動

お客様のうしろをついていき、商品を触れるたびに声をかける

背後から声をかけると、お客様をびっくりさせてしまう可能性があります。それよりも、お客様の動線を先回りしてお迎えし、そこで落ち着いてお声がけをしたほうが、コミュニケーションがとりやすくなるのではないでしょうか。

前項で「自分がアプローチしたお客様は、責任をもって最後まで見送りましょう」とお伝えしましたが、足早に歩くお客様を追いかけながら次のアプローチのタイミングを伺っていたら、そのまま退店してしまった……という経験はありませんか？

私にはあります。「いらっしゃいませ」と歓迎したのち、お客様のうしろ姿を必死で追いかけ、そのまま退店するお客様の背中に「ありがとうございました！」となんとか叫ぶような、まるでコントのような結末に苦笑いです。

**結論からお伝えすると、早歩きで店内を見ているお客様には、うしろからついていかず、その動線を先回りしてお迎えするように待てるとベストです。**

背後から声をかけると、お客様を驚かせてしまうこともあるので、ファーストアプローチ同様、〝相手の斜め前の位置〟でお迎えしてみてください。

## 退店間際に、お客様の本音はこぼれる

そして、前項でもお話ししたとおり「何か気になるものはありましたか？」「何か

お手伝いできることはありませんでしたか？」と退店間際でも声をかけます。
退店間際はお客様の気持ちが緩んでいる瞬間でもあるので、「今日ちょっと急いでて。下見に来たんだけど、またゆっくり来ます」と言葉を交わしてくれることもあります
し、次のような来店理由を話してくださることもあるのです。

**お客様「この間接客してくれた販売員さんいるかなーと思って、ちょっと覗いたんだけど、いないからまた今度にします」**

**販売員「ちなみにどのようなスタッフですか？　もしかしたら裏にいるか、休憩に入っているかもしれないのですぐに確認します」**

というように、お客様とスタッフを引き合わせるお手伝いができます。
他にも、退店間際の声かけがきっかけで接客が始まり、次のように購入に至ることも少なくありません。

**お客様「この間見たやつ、もう一度見ようと思ったんだけど、もうなくなっちゃって**

たみたいだから」

販売員「どのようなものでしたか？　いつくらいにご来店されて、どの辺りに飾ってありましたか？」

お客様「先週来たんだけど、たしかその奥のラックに掛かっていたのよ」

販売員「先週いらしていただいたのですね。ありがとうございます。ちょうど昨日大きくディスプレイを変えたばかりで、ストックにありました。こちらの商品ですか？」

せっかくいらしてくださったのに、一度もお声がけができないままだなんて残念すぎます。今日の来店が、次回の来店に繋がるかどうかは、こんな些細なことの積み重ねで変わってくるので、退店間際まで気を抜かないようにしましょう。

POINT

**退店間際こそ、「来店理由」をひき出す絶好のチャンス**

# 9

## お声がけ③　販売員を避けている

心が動く
フレーズ

（素っ気ない反応に対し）
何かあればいつでも
お声がけくださいませ

無難な
フレーズ

（素っ気ない反応に対し）
失礼いたしました

「素っ気ない＝声をかけられることが不愉快」とは限りませんし、ご来店くださったお客様に歓迎を伝えたり、お声がけをするのは販売員として当然のことです。反応がなくても委縮せず、いつでもお手伝いできるように備えましょう。

笑顔でお声がけしても、素っ気なくされたり無視されてしまったり……。販売員をしていれば誰しもが経験することだと思います。私も販売員になったばかりの頃は、お客様から素っ気ない態度をとられると、それだけで心が折れ、次のお客様にお声がけするのも怖くなってしまって、という悪循環に陥っていました。

しかし、すべてのお客様が目的を持ってご来店しているわけではないですし、すべてのお客様が明るく社交的で「販売員さんと話すのが大好き！」というテンションでいらしているわけではないので、素っ気なくされて当然なんですよね。

**大事なのは、そこで腐らないことです。めげないこと。いちいち落ち込まないことです。**

たとえ、お声がけしてそのような反応だったとしても、

「**何かあれば、いつでもお声がけくださいませ**」と臆せず笑顔でお伝えし、つかず離れずの距離で見守ればいいのです。そうすれば、お客様の目や手、足が止まる瞬間にいち早く気づいてお手伝いができますし、お客様のタイミングで、さっき一度声をかけてくれたあなたに「すみません」と話しかけてくださるかもしれません。

無視されたお客様と接触することを恐れて離れてしまっては、このようなサインに気づくことはできません。

## そのアプローチに、違和感を覚えていませんか？

それでも、なかなかお声がけできないという人は、「お客様の気持ち・空気を無視して押し売りしている」「会社がすすめてというからすすめている」という感覚があり、そんな行動をとっている自分に違和感を覚えているのかもしれません。

この感覚は、「すべてのお客様に、今日何か買っていただかなければ」という意識を変えることでなくなります。もちろん販売員である以上、ご購入いただけるのは素晴らしいことです。ただ、お客様に心地よく過ごしてもらうこと、楽しんでもらうことの先に結果があるので、「今日売る」ことをゴールに設定しなくていいのです。

**その意識があれば、お声がけするときも、せっかくご来店くださったお客様に「ようこそ我が家へ」とお迎えしたい、ただその気持ちで歓迎の言葉を伝えることができるはずです。**

これは、イヤホンをしているお客様でも同様です。

「音楽を聴いているのかな、話しかけられたくないのかな」と私も店頭に立ちながら思うことがありました。しかし、私はいつも通りお声がけしていました。

私の存在に気づきイヤホンを外してくだされば、「失礼しました。ありがとうございます」と、わざわざ外してくれたことへの感謝をお伝えし、**「ぜひごゆっくりご覧ください。何かあればお手伝いしますので、おっしゃってくださいね」**と笑顔で歓迎の言葉をお伝えします。

そして、そこで反応がなくても落ち込まずに、目が留まっているもの、手で触れているものをよく観察しながら見守り、次のセカンドアプローチに備えましょう。

POINT

**素っ気ない態度でも、イヤホンをしていても、あなたはいつも通りでOK**

# 10

## お声がけ④ お連れ様と一緒にいる

心が動くフレーズ

私はこちらがお似合いだと思うのですが、お連れ様はどう思われますか？

無難なフレーズ

お客様はどちらの商品がお好きですか？

つい、商品をご覧になっているお客様とだけ会話を進めがちです。しかし、お連れ様がいらっしゃる際には、お連れ様も同じ空間を一緒に楽しんでいただけるよう配慮しながら、会話を進める必要があります。お連れ様にも意見を伺い、巻き込みましょう。

お客様の中には、お連れ様とご一緒にご来店くださる方も多いですよね。

たった今出会ったばかりのあなたよりも、ずっとお互いのことをよく知っている関係のはずですから、お連れ様も置き去りにならないよう、そして一緒に楽しみながら過ごしていただけるよう努めたいところです。

**そこで、通常のファーストアプローチは、お客様の持ち物・身なりに触れますが、お連れ様がいらっしゃるときには、「お連れ様との関係性」に触れてみます。**

販売員「ご来店ありがとうございます。以前にもこちらのお店にはいらしていただいたことはありますか？」

お客様「私は何度か。この子は初めてです」

販売員「そうなんですね。ありがとうございます。よくお2人でお出かけされるんですか？」

お客様「はい、月1くらい出かけてるよね（笑）」

販売員「そうなんですね！　いいですね。ちなみにどちらのお友達なんですか？　学生の頃からとかですか？」

**お客様「いえ、職場の先輩と後輩なんです」**

販売員「**えー！　一緒にお買い物だなんて仲がいいですね♡　じゃあ、今日はお休みが一緒だったのですね！**」

このように、「親子でお買い物だなんて素敵ですね」「ご夫婦でお出かけなんて、素敵ですね」「友達と買い物、楽しいですよね」というように、その関係性に共感します。

## お連れ様にも、一緒に考えてもらおう

そして、お客様が商品をご覧になっている際には、「**私はこちらがお似合いかなと思うのですが、どう思われますか？**」とお連れ様にも尋ねてみます。

私が新宿髙島屋店で勤務していた頃によくあったのが、ご夫婦別々にお買い物されていて、途中で合流するパターンです。奥様が1人でご覧になっていて、あとからご主人がご来店されるのです。

販売員「ご来店ありがとうございます」
お客様「（お連れ様に向けて）これかこれで悩んでるの」
販売員「どちらも素敵なので迷っていたんですよね。ご主人はどちらがお好きですか？
　こちらのバッグはシックで今日みたいなお洋服に合いそうで、こちらのバッグは逆に普段カジュアルなお洋服も多いとおっしゃっていたので、こちらはこちらでラフで気軽に使えそうでいいですね、と話していたんです」

というように、**今到着されたご主人にもここまでの経緯をお話しして、一緒に考えていただけるように巻き込んでいきます。**

お連れ様「そっか。じゃあ、俺はこっちかな。でも、どっちでもいいんじゃない？
　使うのは〇〇なんだから、〇〇が好きなほうにすればいいよ」
販売員「なんて優しいご主人なんですか！　羨ましいです！　いつもこうしてお2人でお買い物されたりするんですか？」

このように、お連れ様もちゃんと同じ空間を感じていただけるよう配慮します。

そして、お連れ様の意見も聞けたので、あとは一緒に考えて決めましょう、というように会話を運んでいくことができます。

このように、友人や夫婦だけではなく、団体のような場合でも、「どのようなご関係なのですか？」「いつからのご友人なのですか？」と、お連れ様との関係性について興味を持って伺ってみると話が膨らみます。

そして、「**一緒にお買い物できる友人っていいですよね。好きなものが近かったり価値観が近かったりするとらくちんですし、逆に全然違うファッションの人といるのもまた面白いですよね**」というように、「わかります、私も……」と共感してお話ししつつ、またお客様とお連れ様のことを伺ってみたりしながら、それぞれがとり残されないように配慮していきましょう。

POINT

**試着時は、お連れ様の意見を伺うベストタイミング**

# 11

## お声がけ⑤　複数のお客様が一気に入店された

心が動くフレーズ

今ご案内中ですが、
ご質問などあれば
お気軽にお声がけください

無難な行動

ご案内しているお客様への
接客に注力する

“ご案内中のお客様に失礼になるのでは”と、他のお客様へ声がけを一切しないという選択はありません。すべてのお客様を同時に対応することはできませんが、「ご来店に気づき歓迎しています」という意思表示は、まずしたいところです。

販売員が自分しかいない時間帯に、新たなお客様が2～3人一気に入店されて、どう対応すればいいかわからず、戸惑うことってありませんか？

〝ご案内中に、他のお客様に声をかけるのは失礼にあたるかもしれない〟と気になってしまい、入店時に「いらっしゃいませ」と歓迎の言葉を伝えるのがやっと、という状態になることもあるかもしれません。

目の前の1人を大切にするがゆえに、このような状況になってしまう気持ちもよくわかります。**ただ、この状態だと、2人目以降のお客様は声がけされないまま、気づいたら退店してしまう可能性が高くなります。**

ここは目の前のお客様を大事にしながらも、お店全体を見つつ、少しでも可能性を広げたいところです。つまり、お店の緩急に合わせて接客やお声がけのスタイルもアレンジする必要があるということです。

まずは接客しながらもアイコンタクトや笑顔の意識をして、他のお客様が必要なときに声をかけやすい空気感をしっかりとつくります。

「私は今、この方を接客しているので、絶対に話しかけないでくださいね！」というオーラを決して出さないことです。

**そして、自分が接客中でも接客していなくても、ひとつの場所に長い時間いらっしゃる、もしくは商品を手にとりご覧になっている、鏡に合わせているというご様子のお客様がいれば、そのお客様は優先的に声がけする必要があります。**

**「ご案内中にすみません、少しご覧になってお待ちくださいませ」**と、ご案内中のお客様に一度お断りをして離れ、

**「ご来店ありがとうございます。そちらの商品、とても可愛いですよね。ぜひ鏡で合わせてご覧になってくださいね。今、他のお客様をご案内中ですが、何かご質問などあればお気軽にお声がけください」**とひと言お伝えできるといいですね。

多方向に配慮していく必要があるので、少し大変ではありますが、目の前のお客様にしっかりと軸を置きながらも、他のお客様にも目を配れるとベストです。

POINT

**ご案内中だとしても、意識は全方位に向けておこう**

# 第2章

# 「ヒアリング」すればするほど、お客様は困った顔をするんです

## ——答えやすい質問で、真のニーズをひき出す

# 12

## 商品が目に留まった理由を探る

心が動く
フレーズ

刺繍が美しい
デザインですよね。
以前にもご覧になったことは
ありますか？

無難な
フレーズ

今日は、Tシャツを
お探しだったのですか？

商品のどの部分を目に留めていただけたのかを観察しながら、お声がけします。その際にいきなり商品について語るのではなく、以前にもご覧いただいたことがあるのかと“過去の経験”を確認することで、伝えるべき情報を取捨選択します。

「今日はＴシャツをお探しだったのですか？」というように〝特定の何かを探していたのか〟と確認されることは、Ｐ30で先述した「何かお探しですか？」と同様、セールスを感じさせてしまう言葉です。

私はこの「今日は○○をお探しだったのですか？」という質問は、購入商品が決まったあと、お会計時によくしていました。

**「初めからこの商品が見たいと思って、ご来店いただいたのですか？」というように、タイミングを見極めれば、印象が大きく変わる言葉でもあります。**

## 「過去の経験」を聞けば、アプローチは無限に広がる

お客様がずっと同じ商品をご覧になっていると感じたならば、その商品に興味を示していることはたしかなので、お客様の代わりに「**とても繊細な美しい刺繍ですよね。ちなみに、どちらかでご覧になったことはありましたか？**」と注目しているであろうポイントを代弁しつつ、「以前からご存じでしたか？」と質問します。

このように、「過去の経験」を聞くのには理由があります。

自分がお客様の立場になったときに、いつも感じていることなので、ひとつエピソードをお話しさせてください。

私が時々訪れるオーガニックレストランは、野菜の皮や根など、本来廃棄されてしまう部分までも余すことなくスープとして提供しています。初めて伺ったときはとても感動しました。しかし、訪れるたびに、毎度同じ説明をされるんです。

わかりますでしょうか。もしこのタイミングで「**以前にも当店にご来店いただいたことはありますか？**」と、たったひと言、過去の経験を聞くことができれば、その後のアプローチはまったく変わるということです。

**私**　「はい。ときどき利用させていただいています」

**店員**　「そうなんですね。いつもありがとうございます。では当店が大切にしているこのスープのことはご存じですね」

**私**　「はい、捨てちゃう部分も使ってるんですよね！」

**店員**　「そうなんです。覚えていてくださりありがとうございます。ぜひごゆっくりお召し上がりください」

**このように「以前にも」と過去を伺うだけで、お客様が知っている情報を何度も伝えることを回避でき、あらかじめ知ってくださっていたことへの感謝も伝えることができます。**これは、販売員も同じです。

販売員「以前にもご覧になったことはありますか？」
お客様「いえ、今ちょっとこの綺麗な刺繍が目に留まって」
販売員「そうなんですね。ありがとうございます。本当に綺麗ですよね。私も入荷したとき、お客様と同じくつい見入ってしまいました（笑）。今季は、このTシャツ以外にも、このような刺繍が用いられた小物やジャケットなどもあるんです。ぜひご覧になってください」

販売員「以前にもご覧になったことはありますか？」
お客様「はい。実はインスタで見て、気になっていたんです」
販売員「そうだったんですね。ご覧いただきありがとうございます。実際ご覧になった感じはいかがですか？」

お客様「インスタで見るより、立体的だなと思いました」

販売員「おっしゃる通り、実際のほうが立体的で美しいですよね。ぜひ鏡の前で合わせてご覧になってみてください」

と、答えがNOでもYESでも会話を運ぶことができます。

ひとつのものに長く目を留めてくださっているからといって、「お探しだった」と決めつけず、「なぜこの商品に目が留まったのか」「どの部分がお客様の目に留まったのか」ということを知るための質問をしましょう。

そのひとつのヒントとして、「以前にも」という過去の経験を伺うことはいいと思います。ぜひ試していただきたいです。

POINT

**「気持ちを代弁＋以前にも〇〇ですか？」で、スムーズに会話を進める**

# 13

## 商品がほしいと思った理由を聞く

心が動く
フレーズ

なぜグリーンがほしいと思ったのですか？もともとお好きな色なんですか？

無難な
フレーズ

グリーンでしたら在庫がございます。こちらになります

お客様が提示した商品の在庫を確認し、そのままお出しするのはAIにもできます。実店舗だからこそ、人だからこそできることは、その一歩先です。5W1Hを使って真のニーズを探ることで、期待以上の提案ができる人になれるのです。

例えば、買ったばかりの靴で長い時間歩いていたら、靴擦れしてしまいました。コンビニに行って絆創膏を購入します。

このとき、「絆創膏そのものがほしい」ということではなく、絆創膏を貼ることによって「痛みを和らげて、ストレスを緩和して歩ける未来」を購入したのです。

「ストレスを緩和して歩ける未来」が目的なので、近くに靴屋さんがあるならば、靴擦れした箇所に触れないビーチサンダルを購入するという選択肢もあります。

または、絆創膏もビーチサンダルも置いているショッピングモールならば、より選択肢は広がりますよね。

**「絆創膏ください」というお客様のニーズは、あくまでお客様の中で「靴擦れ→痛い→絆創膏」と想像したものです。私たちがすべきことは、その商品が気になった「過程・理由」を知ることです。**

これを手にすることで、「どうなる未来」があるからほしいと思ったのか。

そこを知ることができれば、ご提案の幅は「絆創膏」のみならず「ビーチサンダル」までぐんと広がるのです。

## 「５Ｗ１Ｈ」で、欲している未来がわかる

そこで、お客様の「過程・理由」を知るために最適なのが「５Ｗ１Ｈ」の質問です。

- ＷＨＹ「なぜこの商品を見たいと思ったのですか」「なぜこちらのお店にいらしてくださったのですか」
- ＷＨＡＴ「何を見たいですか」「何がほしいですか」「何が目に留まりましたか」
- ＷＨＯ「誰が使いますか」「誰にあげますか」「誰と使いますか」
- ＷＨＥＲＥ「どこで着ますか」「どこに持って行きますか」
- ＷＨＥＮ「いつ着ますか」「いつ（プレゼントを）お渡ししますか」
- ＨＯＷ「どのように使いますか」

例えば、グリーンの名刺入れを即決してくださったり、「このグリーンはまだ在庫ありますか？」というように目的の商品を探されていた場合、そのまますぐにお会計

に進むのではなく、ここで、〝なぜその商品に惹かれたのか〟を掘り下げたいところです。

販売員「こちらの名刺入れは、ご自身用ですか？（ＷＨＯ）」
お客様「はい、自分で仕事のときに使いたくて」
販売員「そうだったのですね。３色ある中で、なぜグリーンがいいと思ったのですか？（ＷＨＹ）もともとグリーンがお好きなんですか？」
お客様「もともと好きなんですけど、うちの会社のイメージカラーがグリーンなんです」
販売員「なるほど、会社のイメージカラーなのですね。ということは、お仕事関係のものは、グリーンで揃えていらっしゃるのですか？」
お客様「最初はそうだったんですけど、だんだん仕事以外のものもグリーンを選ぶことが多くなってきました」
販売員「そうなんですね。であれば、あまり店頭にディスプレイされていない商品なのですが……、グリーンというカラーでぜひお客様にご紹介したいものが閃いてしまったので、今お持ちしてもいいですか？」

実際にこのようにして、希少なグリーンのクロコダイルの長財布をご紹介し、大変気に入ってくださり、購入に至ったこともあります。

5W1Hで質問することで、「では（その理由なら）この商品が最適ですね！」と商品の決定を促すこともできますし、新たな提案をすることもできるのです。

**お客様が認識しているニーズを満たすだけならば、それはAIにもできることです。そこから一歩踏み込み、お客様が想像していなかった提案ができるかどうかが、私たち販売員の意味ではないでしょうか。**

ここまでできる販売員はあまり多くはいないので、きっとお客様にも「さすがだね」「プロだね」と信頼していただけるはずです。

POINT

**目的買いであっても、「購入理由」を知ることは無駄にならない**

# 14

## ヒアリング① ご要望が抽象的な言葉ばかり

### 心が動くフレーズ

「可愛らしい」にも
色々ありますよね。
繊細で女性らしい印象ですか？
それとも、ポップな色使いの
元気な印象ですか？

### 無難なフレーズ

可愛らしい
ワンピースでしたら、
こちらがおすすめです

「可愛らしい」と一概に言っても、抱くイメージは十人十色です。お客様の持っているイメージを一緒に具体化していくことで、あなたとお客様とのイメージの差を埋めて、より的を射た提案をすることができます。

「なんかイケてる服がほしいんだよね」と、男性の顧客の方から言われたことがあります。なんだか新しい服がほしくて、それもイケてる服……。

ここでお客様が考える「イケてる服」の定義を、すり合わせる必要があります。

販売員「イケてるって、具体的にどのようなイメージですか？　例えば、インスタグラムなどを見ていて、こんなイメージ、みたいなものはありますか？」

お客様「あ、この人みたいな感じかな」

販売員「なるほど。今日の雰囲気とはまた違う路線ですね。具体的に、どこに着ていきたいとか、どんなシーンで、とかがあるのですか？」

お客様「そうそう。今度ちょっと初めてお会いする女性がいて、印象をよくしたいなと思ってるんだよね」

販売員「なるほど、それはちょっと気合いが入りますね。お相手の方はおいくつくらいの方ですか？　印象をよくしたいというのは、具体的にどのように見られたいというのはありますか？」

お客様「20代後半くらいの方なんだけど、やっぱり僕のほうが年上だから、爽やかさ

**の中にも落ち着いてる雰囲気は出したいんだよね」**

というように、お客様にイメージを具体化してもらうお手伝いをします。

もし、あなたが「結婚式にも着ていけるおすすめのワンピース、ありますか？」とお客様から質問されたとして、「この新作のワンピースがおすすめです」なんて、安直に答えることはできませんよね。

なぜなら、このお客様がどのような結婚式に出るのが、まだ何も知らないからです。神前式なのかチャペルなのか、和装なのかドレスなのか、家族の結婚式なのか友人の結婚式なのか、その関係性によっても変わります。季節は？　地域は？　場所は？年齢は？　総合的に色々な情報がわかって、初めてそのお客様にぴったりのワンピースをご紹介できるのです。

それと同じです。お客様が抱く「イケてる」がどのようなイメージなのかを一緒に共通認識にしていくことで、スムーズにご提案ができます。

**この一歩目をつまずいてしまうと、あなたの「イケてる」とお客様にとっての「イ**

**ケてる」にズレが生じ、なかなかしっくりこないため購入に繋がりにくくなるどころか、お客様の信頼を得ることができずに再来店にも繋がりにくくなります。**

そして、「イメージできる写真や、好きな感じの俳優さん、よく見るインスタグラムの方などはいますか？」「どんな雑誌を見ますか？」というように、よりお客様が求めているイメージを一緒に探していけるといいですね。

「なるほど、このような〝イケてる〟ですね！」と一緒に共感できると、お客様との関係構築の近道になると思います。

POINT

**人や雑誌から、なりたいイメージを共有する**

# 15

# ヒアリング② ご要望がまったく出てこない

心が動くフレーズ

無難なフレーズ

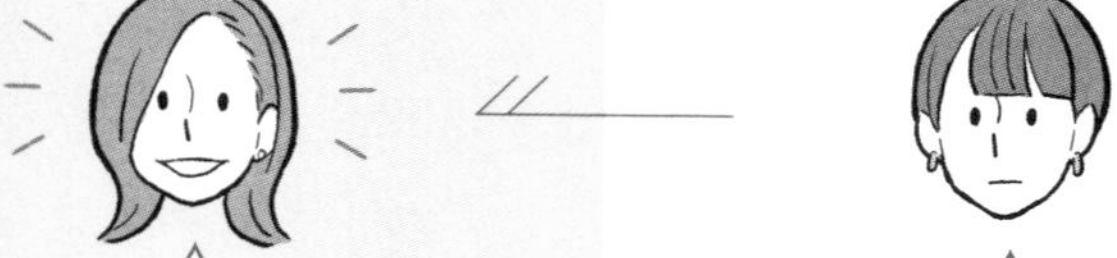

こちらなどはいかがですか?

どのような感じがいいですか?

バッグ、時計など買いたいものは決まっていても、とくにこだわりや要望がなく、「どんなものがいいか」が答えられないお客様もいます。あまりにも漠然としてたら、商品を1点お見せして、お客様の反応をヒントにご紹介していきましょう。

前項のお客様のように「女性にいい印象を与えられる、イケてる服がほしい」など、ある程度要望が見えていることもあれば、ときには要望がもっと漠然としている場合もあります。

「誕生日だから何か自分にご褒美がほしい」とふんわり思っている状態だったり、「新しいアウターがほしい」と購入したいカテゴリーは決まっているけど、それ以外はイメージできていない、という状態でご来店される方も少なくありません。

そのようなお客様には、「何かイメージしているものはありますか？」「どのようなタイプがいいですか？」「何色がいいなとか、大きさのお好みとかありますか？」と色々質問してみても、口頭だけではイメージが定まらないことがあります。

こんなときは、何でもいいのでまずひとつ商品をお見せします。

**「例えば、このような感じはいかがですか？　この辺りのコートとか、今日の雰囲気にお似合いになると思います」**

**ここで、すぐに「これ、好き！」とはなる必要はありません。あくまで、比較するために基準をひとつつくってあげるイメージです。**

**お客様**「あぁ、こういう感じは結構好きで、今持っているのがまさにこんな感じのものなんですよね」

**販売員**「そうなのですね。たしかにお似合いになるなと思いました。でしたら、これまで持っている感じとちょっとイメージが違うほうがいいかもしれないですね」

**お客様**「そうですね。たしかに、どうしても似たものばかりになっていて……、ちょっと違う感じを着たいのかもしれません」

このように、「お客様は何か新しいスタイルにチャレンジしたいのだな」という真のニーズを知ることができれば、これまでお持ちのアウターを聞きつつ、いくつかお見せしていく中で、お好きな商品に出会うことができるかもしれません。

## ひとつ基準をつくれば、要望はどんどん出てくる

お客様自身の要望が漠然としているときは、あれこれ質問をしても、「うーん」となかなか言葉にできません。そんなときは、まず、何でもいいので商品をお見せする、

ぜひあなたにも試していただきたいです。そこから出てきた、

「形はいいんですけど、こういうサイズは持たないんですよ」

「色は結構好きなんだけど、こういう形は前に失敗していて」

という言葉をヒントに、「**普段、どのようなサイズをお持ちなのですか？**」「**どの部分が失敗したと感じたのですか？**」と、ここからはいつも通り探っていくと、お客様も気づいていなかった真のニーズにたどりつくはずです。

POINT

**お客様の反応をヒントに、理想の商品を絞り込む**

# 16

# ヒアリング③ プライベートな話を好まない

心が動くフレーズ

今日はとてもラフな
お洋服ですが、
普段お仕事ではスーツを
着られたりもしますか？

無難なフレーズ

お仕事は
何をされていますか？

直接的な質問は、ときにお客様に不快感を与えることがあります。とくに「職業を聞くこと＝年収を聞くこと」と捉えるお客様もいるので、ここでは、お客様のライフスタイルを知るための質問を遠回りにしていくことが重要です。

多くの場合、職業をお聞きするときは細心の注意が必要です。

**なぜなら、「お仕事は何をされていますか？」と聞くことは、「年収を聞かれているのと同じこと」と感じるお客様もいるからです。**

私たち販売員が職業を聞く理由は、お客様のライフスタイルをより快適に豊かにできるような提案をしたいと思っているからで、決して、お客様の年収を予想して、それに合わせて商品をご紹介したいわけではありません。

もちろん職業をストレートに知ることができれば、商品提案もしやすくなるとは思いますが、ここで「年収を聞かれている」と感じさせてしまうのは、販売員にとっても本意ではありませんよね。

直接「ご職業は？」と質問をしなくても、パソコンを使う仕事、スーツを着る仕事、自宅でリモートでできる仕事、Ａ４の書類を持ち歩く仕事、人とよく会う仕事、鮮やかな色のネイルはできない仕事、夜勤がある仕事……など、ざっくりとした仕事のスタイルは知ることができます。

それがわかるだけでも、お客様に対する提案に説得力が増します。

**ポイントは、ファーストアプローチ同様、お客様の身なり・持ち物をきっかけに質問することです。**例えば、平日の昼間にご来店くださったお客様には、

**販売員「今日はお休みなんですね。いつも平日がお休みなのですか？」**
**お客様「まあ、そんなところです」**
**販売員「そうなんですね。土日よりもゆっくりお買い物ができていいですよね。私も、そこがこの仕事のいいところだなって思っています（笑）」**

というように、職業を特定することにこだわらず、そのライフスタイルに共感して会話を進めます。また、ネイルを褒めたことがきっかけで、お客様ご自身から職業をお話しくださることもあります。

**販売員「とても素敵なネイルですね。いつもサロンでやってもらってるんですか？綺麗なアートで羨ましいです。私たちはできないので」**
**お客様「私はアパレルの販売なので、アートネイルも全然大丈夫なんですよ」**

**他にも、お客様の身なり・持ち物から「普段はどうですか？」と質問することで、ざっくりした仕事スタイルが見えてきます。**

**「今日はとてもラフなお洋服ですが、普段お仕事ではスーツを着られますか？」**

**「今日はとても小さなバッグですが、普段お仕事のときはA４の書類やパソコンなどもお持ちになりますか？」**

また、お客様がご覧になりたいとおっしゃる商品によって、なんとなく交友関係や家族構成、仕事や働き方についてヒントが出てくるので、商品をきっかけにお客様のライフスタイルを少しずつ知ることもできます。

## 来店頻度・ショッピングエリアをおさえよう

先ほどの平日休みのお客様のように、プライベートな話をあまり好まない方には、家族構成や職業、休日の過ごし方など無理に聞き出す必要はありません。

しかし、このブランドやお店にまつわること、商品に関係することは知れたほうが、今日のご提案にも今後の関係構築にも役立ちます。

**「お買い物はよく新宿でされるんですか?」「職場が近かったりされるんですか?」「ご自宅からも出やすいですか?」**と質問をすることで、**来店頻度・ショッピングエリアを知ることができるので、今後の接客において多くのヒントになると思います。**

例えば、よくこの辺りで買い物をされる方とわかれば、「他のショッピングでいらしたときにもぜひお立ち寄りください」とお伝えできますし、職場が近い方とわかれば、平日仕事帰りに来店しやすい、と把握しておくことで、イベントにお誘いする際など、お客様を知っているからこそのひと言を添えることができます。

ご自分からライフスタイルについてたくさんお話しされるお客様は多くありません。直接的でなくても、いかにお客様の身なり・持ち物、ご紹介する商品をきっかけに質問していくか、それによってその後に繋がる多くのヒントをいただけるはずです。

POINT

**もらえなかった情報は深追いせず、もらえた情報に共感する**

# 17

## ヒアリング④ 口数が少ない

心が動く
フレーズ

今日はずいぶん
寒くなりましたね。
寒いのは得意ですか？

無難な
フレーズ

今日は寒いですね

口数が少ないお客様の場合、無難なフレーズを自分ごととして捉えて話し出してくれる人は多くありません。そのため、天気の話題などは、そのあとにお客様自身にフォーカスした質問を続けましょう。きっと、反応をいただけることが増えていくはずです。

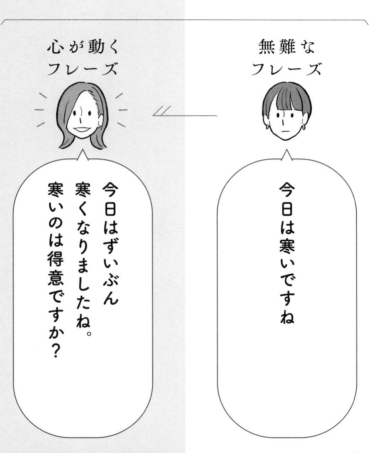

私の夫は、一般的には口数が少ない人かもしれません。私がよく話す人なので、それを静かに聞いてくれる人です。

普段「夫に話してもらうには?」と考えて会話をしてはいませんが(笑)、無口な彼がたくさん話をしてくれるときもあるので、それはどんなときか振り返ってみました。それは、彼自身に矢印を向けた話をしたときです。

私が自分の仕事の話をしてスッキリしたあと(笑)、「なんか1人でずっとしゃべっていた……」と気づいて、「○○は最近、仕事どう?」と話題を振ると、たくさん話してくれるんです。

彼は自分の話をしたくないから無口なわけではなく、聞く側にいつも徹してくれているので、話すタイミングがなかっただけなんですよね。

**このようなタイプの人は、人が話していることを聞きながら、「そうそう、私もね」「そういえば俺もさ」と話し出しません。**

だからこそ、接客時でもあなた自身の話を少しして、「ところで、お客様は……」と話題を振るようにするとよく話してくれたりします。

天気の話は、どなたでも話しやすいものではありますが、無口なタイプの方だと、「今日は寒いですね」「そうですね」と終わってしまう可能性があります。

ここで、「そうですよね、いよいよ年末だなって感じですよね！」と会話を続けてくれる方はそういないのではないでしょうか。

**そのため、天気の話も「寒いですね」だけではなく、そのあとにお客様自身に矢印が向くような会話を続けましょう。**

**「今日はずいぶん寒くなりましたね。寒いのは得意ですか？」**
**「夏と冬、どちらのほうが好き、とかありますか？」**
**「結構寒いのに、薄着でいらっしゃるなと思って」**

と聞いてみたり。

すると、「そうですね、割と暑がりなので、今くらい寒いほうがちょうどいい感じです」というようにお話ししてくださったりします。

## 自己開示することで、距離がぐっと縮まる

また、ラグジュアリーブランドに入店するお客様にとって、制服を着た販売員というのは、どこか話しかけづらく、緊張してしまうものだと思います。

そのような中で働いていた私は、所作や言葉遣いはブランドイメージを損なわないよう意識しつつも、**会話の中で、私という「人」はとても親しみやすい存在なのだと感じていただけるように意識していました。**

普段、ホテルでランチして素敵なサービスを受けて贅沢な時間を過ごす私もいますが、１人でラーメンを食べて帰ることも、ダイエットに失敗することも、お買い物をしすぎて後悔することも、あります。

お客様との会話では、後者の私をお見せすることで、親近感を抱いてくださり、あまり話さなかったお客様が心を許してくださることが多くありました。

そして、夫とのエピソードでお話ししたとおり、このような話をもとに、

**「お客様はそういうとき、どうされてますか？　そのようなこと、お客様もあったりしますか？」**と話を振るとたくさん話してくださいます。

私の場合、年上の女性のお客様がとても多かったのですが、私の肌の悩み、痩せにくくなった悩み、子どもの受験の悩みなど、悩み相談のようにお話しすると、最初はあまり話さなかったお姉様たちが、たくさん共感しながらお話しくださり、長年に渡って私宛てにご来店くださるようになりました。

**口数が少なくなかなか心を開かないようなタイプのお客様ほど、ずっと顧客でいてくださることが多いものです。**

口数が少ないと、「話しかけられるのが嫌なのかな」「機嫌が悪いのかな」など、こちらも萎縮してしまいがちですが、様子を伺いつつも、恐れず、そして臆せず、お客様の心の扉をノックしていきましょう。

POINT

**コツは、「自分の悩み＋質問」で親近感を持ってもらうこと**

# 18

## ヒアリング⑤ 試着をしている

心が動く
フレーズ

（試着前に）どちらも素敵なので、
たぶん迷われますよね。
ご試着されたら、
ぜひ一緒にお選びするお手伝いを
させてくださいね

無難な
フレーズ

（試着後に）
サイズ感など、
いかがでしょうか？

試着後に出てきていただけるような伏線を、試着前につくることが大事です。その言葉を伝えておくことによって、試着室の中にいるお客様に声をかけやすくなりますし、お客様からも「あなたの意見を聞きたい」と思っていただけるのではないでしょうか。

ご試着は、購入後の「未来」を想像してもらう大切なステップです。「自分が持ったらこうなる」「自分が着たらこうなる」「去年買ったあのブーツと合わせよう」など、愛用しているイメージが湧けば湧くほど、人はほしくなるものです。そのお手伝いをぜひ販売員はしたいですよね。

しかし、試着室にご案内したあと、お声がけしてもお客様から返答がなかったり、試着室から出てきてくれなかったり……、その後の接客に繋げられないと悩むことってあるのではないでしょうか。

私は1人で買い物することが多いのですが、試着後、販売員さんに見ていただかないまま完結してしまうこともよくあります。どんなときに出て行きづらいかというと、「あんまり似合ってないな」「ちょっとサイズが小さいかも」というネガティブな感情があるときです。**そこで、私が販売員として意識したことは、試着されたときに「いかがですか」と声をかけやすい種を事前に巻いておくことです。**

例えば、パンツのご試着であれば、このような言葉を事前にお伝えして、出てきやすいような雰囲気をつくります。

「こちらのパンツは少しタイトなシルエットなので、いつもよりワンサイズ上げるお客様も結構いらっしゃるんです。念のためワンサイズ上もご用意しておきますので、ぜひ穿かれたら、サイズ感や穿き心地をまた教えてくださいね」

また、2つの商品を見比べているお客様には、

「どちらも素敵なので、たぶん迷われますよね。ご試着されたら、ぜひ一緒にお選びするお手伝いをさせてくださいね」

このひと言が伝えられると、「販売員さんの意見も聞いてみたいな」と思っていただけるのではないでしょうか。

「少しデザインは違うのですが、こちらのパンツは見ているより、穿くととてもシルエットが綺麗で足が長く見えるので、ぜひ一緒に穿いてみてほしいです。お客様の今日のトップスにもお似合いになると思ってお持ちしました。ぜひ」

このように、あなたのおすすめの商品を一緒にお持ちすると、「いかがですか？」

と外から聞きやすくなります。これは、トップスに限らず、パンツに合わせるシャツ、シューズ、何でもいいと思います。

そして、試着室から出てきていただくためにも、P39でお伝えしたように、「お客様にとってのメリット」を言葉にできるといいですね。

**「外のほうが明るいので、ぜひ外に出てこちらの広い鏡でご覧になってみてください。試着室、少し電気の光が違うので」**

**「先ほどフラットサンダルもお持ちだとおっしゃっていたので、似た感じのサンダルをご用意してあります。ぜひこちらで合わせてみてください」**

このように、試着室を出るときの不安をとり除き、試着室を出るメリットを考えながらお伝えしていきましょう。

POINT

**「ぜひ、私にお手伝いさせてください」と言葉にできる人は少ない**

# 19

# 質問でお客様との距離を縮める

**心が動く行動**

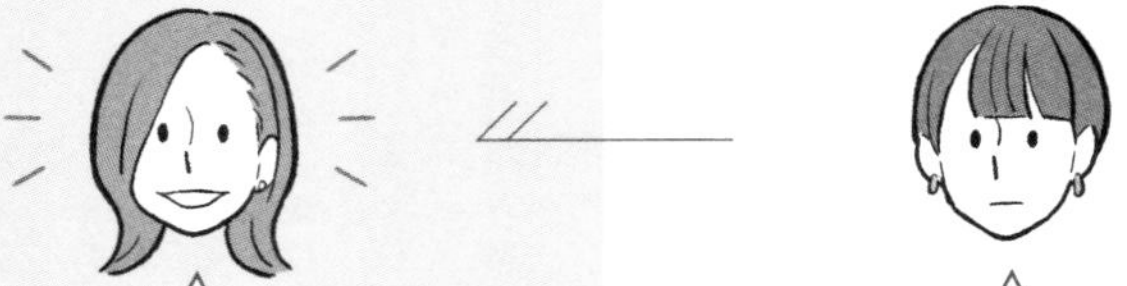

お客様自身にまつわる質問をしてみる
（カスタマーフォーカス）

**無難な行動**

商品にまつわる質問ばかりする
（プロダクトフォーカス）

商品を中心とした会話、つまり人にフォーカスしていない会話では、関係を深めることは難しいです。お客様をよく知るために、お客様の話を聞くだけではなく、あなた自身が心を開いて、自分のこともお話しする意識が必要です。

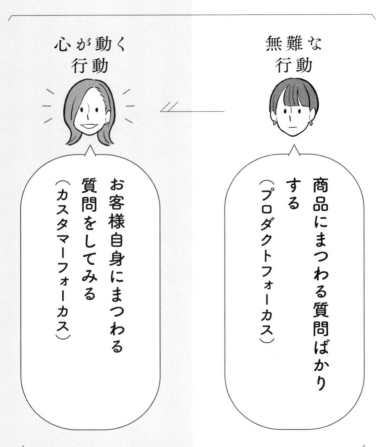

プライベートな話をどこまでしていいものか、お客様を思うからこそ、「こんな話をしたら嫌がられるかな」「こんなことを聞いたら失礼かな」と考えるのは、ごく自然なことです。

ただ、お客様との関係構築において、踏み込まなければ地雷を踏むことも、怪我することもないと思いますが、可も不可もない関係のままだと思います。

これは対友人でも同じだと思いますが、踏み込んだ会話ができる人とはそれだけ信頼関係も深まります。

私自身、以前は販売員を「物を売る仕事」として捉えていたので、「お客様を知る」「自分自身を知ってもらう」という意識がありませんでした。お客様が求めているのはあくまで商品であり、販売員はブランドとしてあるべき接客をすることが何より求められていると考えていたのです。商品知識を常に勉強し、お客様に何でもお答えできるように、説明できるように、と努めていました。

**つまり、すべては商品を中心とした「プロダクトフォーカス」の会話でした。**

**ただ、人にフォーカスしていない会話は、人に直接関わらない当たり障りのない会**

**話なので、お客様との関係が深まることもありませんでした。**

もちろん、商品に対する知識も大切です。しかし、それを購入するうえで、お客様をよく知らなければ、真のニーズに対する提案はできません。

そして、あなた自身が心を開いて、自分のことをお話しできなければ、お客様もなかなかご自身のことを話してはくれないでしょう。

本書ではここまで、〝商品に直結しないアプローチ〟をお伝えしてきましたが、そうしたほうがお客様との関係構築が深まる、というのが大きな理由です。

## 一歩踏み込まなければ、再来店にも繋がらない

私は今でこそ「関係構築のスペシャリスト」と名乗っていますが、人一倍失敗もしているんです。

「あちゃー」と思う経験もたくさんしてきて、一緒に働いていた仲間たちにはいつもその失敗談を話して、笑わせたり励ましたりしてきました(笑)。

初めからうまくやれたら一番いいのかもしれませんが、私の場合は失敗も含めたく

さんの経験のおかげで、お客様との距離のとり方や会話の運び方がブラッシュアップされていったことは間違いありません。

2008年、北京オリンピックの頃。当時私はお客様と商品以外の会話をひとつでもできるように、お客様との関係構築に相変わらず奮闘していました。

ある日、担当させていただいた20代の男性がカスタマーカードにご記入くださっている際、苗字が「星野」だったことから、すかさず「『星野ジャパン』ですね！」とお声がけしたんです。

お客様は「星野ジャパン」を知らないのか、野球に興味がないのか、オリンピックに興味がないのか、「はぁ（苦笑）」と、苦笑いというのはこのような顔のことを言うんだな、という表情をされました。「あ、星野ジャパン、わかります？」と慌てて伝えて、「はい」とおっしゃってはいただけたものの、ぽかーんとした表情でした。

なんだかもう恥ずかしくて、その場を早く終わらせたい気持ちでいっぱいでした。「星野」という名字が一緒だと言うだけで、突然「星野ジャパンですね」って本当に唐突すぎますよね。当時は思い切って一歩踏み込んで話そうと必死でした。

でも、そこで考えるんですよね。**あのとき、「もうすぐオリンピックですね」「観戦とかされますか？」「何か注目している競技とかありますか？」など、もう一段階会話ができていたら、その後の星野トークも違っただろうな、と。**

これはひとつの私のお恥ずかしいエピソードではありますが、一歩踏み込んだ結果失敗もあります。傷つくこともあります。

でも、そこから必ず次に繋がる成長があることをお約束します。

そして、そのときにどうしたらよかったのかと考えることこそが、次のよりよい会話運びや関係を深めるスキルに繋がっていくことは言うまでもありません。

ぜひ、あなたもほんの少し勇気を出して、商品ではない、お客様自身のことを質問してみてください。

POINT

**「毎接客、商品以外の会話をする」と決めてしまおう**

# 第3章

# 「商品提案」をしても、心に刺さらず断られてしまいます

## ――主体的に考えて、チャンスを逃さない

# 20 商品紹介を始めるタイミングを見極める

心が動く行動

無難な行動

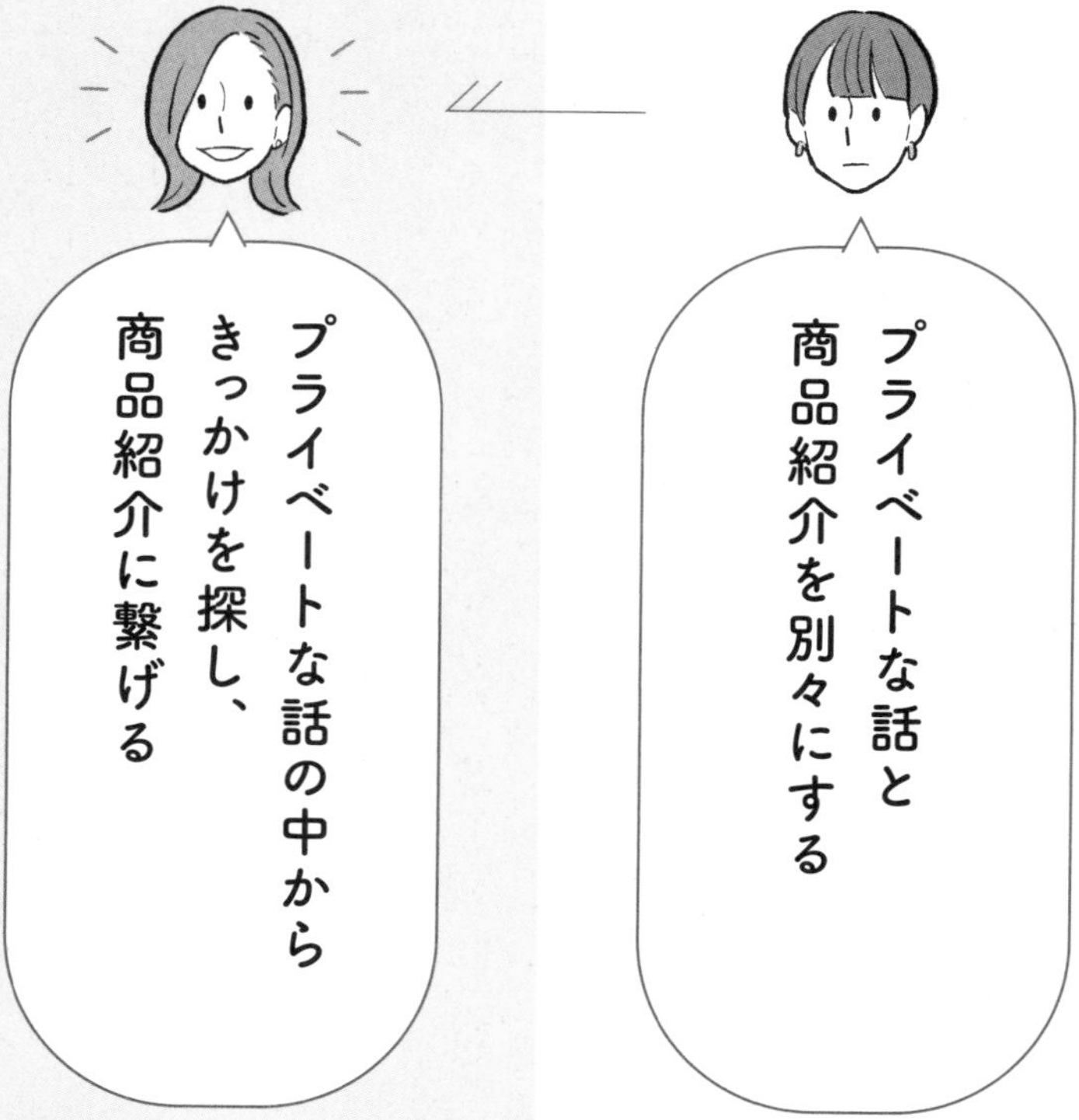
プライベートな話の中から
きっかけを探し、
商品紹介に繋げる
プライベートな話と
商品紹介を別々にする

雑談→商品紹介、商品紹介→雑談、というように会話を切り替えるのが難しいと感じる人も多いのではないでしょうか。コツは、プライベートな話をしながらも、商品に結びつけられるキーワードを聞き逃さないように、常にアンテナを張ることです。

ファーストアプローチでは、天気・持ち物・身なりをきっかけにお声がけしましょう、とお伝えしました。ただ、そこから商品紹介に繋げるのが難しい、急に話題を切り替えるのが難しいと感じる販売員さんも多くいるようです。

**ここでお伝えしたいのは、商品やブランドを語ることと、プライベートな会話をすることは切り離して考えるものではなく、同時にできるということです。**

例えば天気、持ち物の話からアプローチするのであれば、

「今日はすごく寒くなりましたね。そんな中ご来店いただきありがとうございます。こんな寒い中ではございますが、店内には春夏の商品が多数入荷したばかりなので、ぜひご覧になってみてくださいね」

「お客様のバッグ、とても可愛いですね！　普段そのくらいの量で荷物は足りるんですか？　私は荷物が多いので素敵だなと思いつつなかなか持てなくて……、羨ましいです。実は今季、お店にもこのようなバッグが入荷していて。こういう小さいバッグって、本当におしゃれですよね！」

というように、商品の話に繋げることができます。
「プライベートな話が終わった、さて、商品の話をしなきゃ」と、別のステップに捉えるのではなく、お客様が発してくださる言葉から、あなたが提供するサービスや商品、イベント誘致に結びつけるイメージです。

他にも、ライフスタイルを知ることができる会話ができれば、

販売員「お子様可愛いですね♡　おいくつですか？」
お客様「3歳になったところです」
販売員「そうなんですね。お子様はお1人ですか？」
お客様「はい。あと、年末に2人目が生まれます」
販売員「わぁ。そうなんですね！　おめでとうございます。賑やかになりますね♡
もう色々準備はされているんですか？」
お客様「はい、少しずつですが」
販売員「いいですね。上の子がいると、お忙しい中だとは思いますが、準備される時

**間も楽しいですよね♡　ちなみに、〇〇では出産のタイミングにおすすめのものもいくつかご用意しているのですが、ご覧になったことはありますか？」**

このように、お子様の話から、家族写真を入れるフォトフレームを紹介したり、ベビーカーのひざかけになるようなショールを紹介したり、出産が近いお客様に「ご主人に出産記念のギフトをプレゼントしてもらいましょう！」と提案してみたり……、アイデアは無限です。

## あなたに伝えたい、という特別感が生まれる

■「珍しい時計ですね！　時計がお好きなんですか。どちらのものなんですか。当店にも時計の取り扱いがあるのをご存じでしたか？」（持ち物を褒める↓商品紹介）

■「よく休日にご夫妻でこの辺りはお買い物にいらっしゃるんですか。ちなみにちょうど来週当店で秋冬の新作をご紹介するイベントがあるのですが、ぜひご夫妻でい

らっしゃいませんか？」（プライベートな会話→イベント誘致）

**このように、商品とプライベートをリンクさせながらお話しできると、「お客様とお話ししたからこそ、伝えたい」という気持ちを表すことができます。**

誰にでも伝えている情報ではなく、特別感のある情報として、お客様に受けとっていただけるのではないでしょうか。

POINT

**プライベートを知ったうえでの紹介は、すんなり受け入れてもらえる**

# 21

## 説得力のある商品説明をする

心が動く
フレーズ

お客様と同じように、
ジムに通われている方が
「軽くて荷物がしっかり入るから、
ジム用バッグに最適」と
おっしゃっていました

無難な
フレーズ

軽くてたくさん荷物が入る
バッグです

自分で考えた商品説明だけではなく、他のスタッフからの視点や、実際にご愛用されているお客様からの声などをもとにおすすめしてみましょう。お客様もリアルなシーンを想像することができるので、よりご納得いただけます。

お客様に商品をご紹介するとき、あなたはどのような準備をしていますか？
私は、新作が発売になるときやイベントがあるとき、商品を見ながら、たくさんの顧客の方の顔を思い浮かべていました。

「このバッグだと荷物もたくさん入るし肩にかけられるから、『赤ちゃんのものをたくさん入れて出かけられるバッグがほしい』っておっしゃっていた〇〇様におすすめかも。革だけどそんなに重くないし」
「このバッグ、カラーバリエーションが色々あるけど、黒ならばトートバッグをお探しの男性のお客様にもおすすめできるかも。一泊旅行とかにも使えそう。出張の多い△△様にぴったりかも」

というように、商品を前に「どなたにおすすめかな？」とあらかじめ想像するのです。また、お店のスタッフとも「こんなシーンに持てそう。こんなファッションに合うかも」と意見をたくさん共有することで、〝そのようなお客様〟によりご提案しやすくなります。

## 1つひとつの商品に対し、ペルソナを設定する

これは、顧客の方でなくとも、ペルソナ（架空のお客様）でOKです。

店頭に立ちながらも、「この商品はどんなお客様にお似合いになるだろう？　どんな方にご愛用いただけるだろう？　どんなシーンで使えるだろう？　どんなコーディネートに合うだろう？」とペルソナを想像します。想像するときには、

**年齢、性別、職業、働き方のスタイル（通勤・在宅勤務など）、住んでいる場所、家族構成（既婚・未婚、子どもの人数や一緒に住んでいる家族の情報、ペットなど）、ライフスタイル、趣味、日課にしていること、よく見るもの（SNS・雑誌・TVなど）、興味があること、好きなスタイル、人からどう見られたいか、悩み、好きな芸能人**

などをイメージしてみるといいと思います。

ペルソナを想像するクセがつくと、〝そのようなお客様〟がご来店されたときに、

すぐにおすすめの商品と結びつけることができるようになります。**ペルソナに近いお客様は、1人とは限らず世の中にたくさんいらっしゃるので、同じ境遇の多くの方にアプローチすることができます。**

## ご愛用くださっているお客様の声を聞く

また、ときにはお客様からヒントをいただくこともありました。

ご来店されたお客様が自社商品をお持ちだったら、「バッグをご愛用くださりありがとうございます。どちらでお求めいただいたのですか？」とお伺いし、

販売員「お使い心地はいかがですか。普段、お仕事で使っていらっしゃるのですか？」

お客様「そうそう、仕事のときに使おうと思って買ったんだけどね、意外とジムに行くときにもちょうどいいサイズで、ジムに行くときも使っているの」

販売員「なるほど！　素敵ですね。ジム用にこのバッグを使うって、新しい発想でした。たしかにジップもついてるので安心ですね」

このようなリアルな声を知ることで、これまで自分にはなかった「ジム用として」という切り口で、後日他のお客様におすすめすることができます。

「実際にご愛用くださっている方の声」というのは、お客様にとっても非常に有益な情報です。**自社商品をご愛用くださっていることがわかったら感謝をお伝えして、実際に使ってみた感想をお聞きできるといいですね。**

POINT

**提案上手な人は、事前準備を欠かさない**

# 22

# とても人気の商品だとアピールする

心が動くフレーズ

発売前からお問い合わせが
とても多くて、初回入荷分は
一度完売してしまったのですが、
本日久しぶりに
1点のみ入荷しました

無難なフレーズ

こちら大人気の商品で、
最後の1点です

「大人気の商品」という表現は漠然としていて、お客様に届きにくいフレーズです。どのぐらい人気なのか、どの点が人気なのか、どのような人に人気なのか、など具体的にお伝えできると、伝わる度合いがぐんと深まります。

大前提として、お客様がすべて「大人気な商品」がほしく、「最後の1点」だから焦るわけではないということをまず認識すべきです。

**「大人気=多くの人が持つ可能性がある」のであればむしろいらない、というお客様からしたら、このようなひと言は逆効果になってしまいます。**

このような方は、実際私の友人にもいます。大人気・売れ筋商品とわかった瞬間、「なら、絶対買わない！」と言うぐらいです。

その一方で、「人気商品だとわかると安心して購入できる」というお客様も、もちろんいるでしょう。その場合、ただ「大人気商品です」とお伝えするのではなく、

**「これまでも、ミニサイズのお財布はたくさんあったんですよね。でも、ポケットの数がこれだけしっかりついている商品は、意外となかったんです。多くのお客様が、その点をとてもいいとおっしゃっていて。もちろん、今回デザインも相当可愛いので、それに使いやすさも加わって、これだけ人気が出ているんだと思います」**

というように、**どこが魅力的だから人気なのかという「理由」をしっかり伝えられると、納得感に繋がります。**

たくさんの人が持っているものは苦手というお客様にも、なぜここまで人気なのか理由をお伝えしたところ、「たしかにそう言われてみると、あってもいいかもね」と心変わりして購入に至るケースは少なくありません。

また、お客様がなぜこの商品が気になったのか、なぜほしいと思ったのか、という「なぜ」をきちんとヒアリングできていれば、

**「お客様と同じように、普段よくお子様と公園に遊びに行く方から人気です」**

というように、同じようなニーズを持っている人に愛用されている、と伝えることで安心感を与えることもできます。

前項でお話しした「ご愛用の感想を聞く」が普段からできていれば、他のお客様におすすめするときにも活きてくるわけです。どのような方がどんなときに愛用しているかアンテナを立てているからこそ、伝えられる言葉ですよね。

## 購買を後押しするために「最後の1点」は使わない

多くの数は生産していない商品や、この商品が売り切れてしまったらもう二度と手に入らないような商品の場合には、きちんとお伝えする必要があります。

**「また来たときにあったら買おう、って思ったら、もう手に入らない状態で、後悔するお客様がとても多いんです。私も実際そういうことがありました。すると余計ほしくなって、慌てて他のサイトとかで探したりして（笑）」**

と、他のお客様や自分自身のリアルな体験をお伝えすることもあります。

それでも「いいのいいの。そのときは縁がなかったと思うわ」とおっしゃるお客様に対しては、

**「そうですね、ご縁ってありますものね。次回ご来店の際にあれば、ご縁があったっていうことで、そのときにしましょう♡」**とお伝えします。

このように、今日買ってもらうということに決して固執せず、〝買わせない勇気〟もときには必要です。

お客様に寄り添い、お客様がほしいと思うタイミングに確実に自分を思い出していただけたり、相談していただけることのほうがよっぽど大切だと思うのです。

**今日この場の売上に固執するより、長期的にこのブランドとあなたを支持していただけるファンをつくっていくことのほうが、長い目で見れば大きな実績に繋がることは間違いありません。**

POINT

**「どのぐらい人気・どの点が人気・どのような人に人気」と因数分解する**

# 23
# 商品知識・専門知識をわかりやすく伝える

**心が動くフレーズ**

**無難なフレーズ**

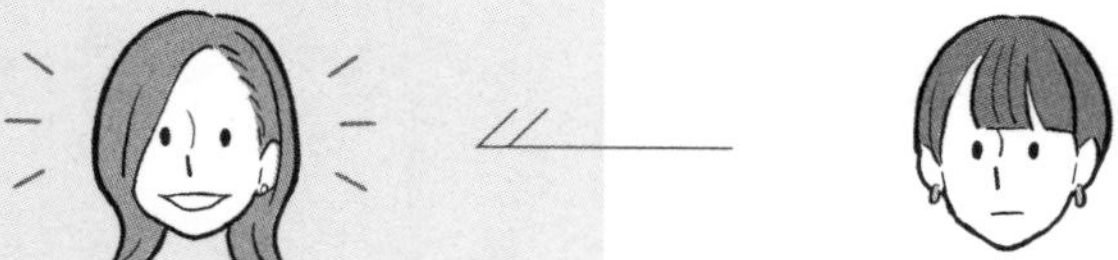

熱を加えずに香りを抽出することで、まるで本物のお花がそこに咲いているかのような香りを感じていただけるフレグランスです

二酸化炭素抽出法という特許をとった技術を用いてつくられたフレグランスです

日常に根づいていない難しい専門用語を使うよりも、お客様が理解しやすいより身近な言葉を使って説明することで、お客様の心に届きます。さらに、そこにストーリーをもたせることで感情が動かされるのです。

私は販売員時代、フレグランスの紹介方法について日々試行錯誤していました。
よく見かける場面かと思いますが、初めの頃は「お会計の間、新しい香りをぜひお試しください」とお待ちのお客様にご体験いただいたり、入口でお客様にムエット（香りを体験いただく紙状のもの）を「新作のフレグランスです」とお渡ししていました。

その後香りの説明ができればいいのですが、お渡ししてこのまま離れてしまうのは、決定率がとても低いとわかりました。

なぜなら、3万円もするフレグランスを、「いい香り！　これも買います！」と簡単にはいきません。素敵なデザインの瓶に入っていて、見た目で惹かれる部分はもちろんありますが、香りそのものには形がなく、目に見えないものです。

**嗅覚で感じるだけではなく、お客様がフレグランスをまとったときの未来をより具体的にイメージできるように、そこには「ストーリーテリング」が必須なのです。**

ストーリーテリングとは、「商品に物語をもたせる」という意味です。

商品がどんな想いでつくられたのか、そのコンセプトなどをエピソードにのせて「物語」のように伝えることで、お客様もイメージしやすく、魅力がより伝わります。

難しい専門用語を羅列するよりも、お客様の日常で使われる単語や、これまでの人生で経験したであろう単語を交えながらお伝えすることで、共感しながら理解してくださるため、印象深く記憶に残ります。

## 人はストーリーによって、感情を動かされる

フレグランスは、香りの抽出法など、お客様にとっては難しい内容だったりします。

**「一般的に香料は、植物に熱を加えて蒸溜などして抽出しますが、ルイ・ヴィトンは二酸化炭素抽出法という特許をとった技術で、ローズやジャスミンなどの精油を抽出しています」**

という商品説明も、「蒸溜」「二酸化炭素抽出法」というような言葉は、日常に根づいた言葉ではないため、（もちろんこのような話が好きなお客様もいらっしゃいますが）、そのままお話ししてもイメージが伝わりません。

これを伝わりやすい言葉で、お客様にもイメージできるように説明すると、

「繊細なお花の香りというのは、熱で変化したり壊れてしまうものなんです。なので、太陽が昇る前、花々に熱が当たる前の時間に女性の柔らかい指で花びらを積み上げるのです。そして、特許をとった『二酸化炭素抽出法』で、熱を加えずに香りを抽出することで、まるで本物のお花がそこに咲いているかのような香りを再現できているんです」

**このように、「太陽」「女性の柔らかい指」「まるで本物のお花がそこに咲いているような」という誰もがイメージしやすい単語を交えていくことで、目の前に映像が動くように、ストーリーが思い浮かびませんか？**

「お包みしてきますので、その間にお試しください」なんて離れて、お客様自身に解釈を委ねてしまうのはもったいないことです。

私たち販売員が、そばでしっかりお伝えする必要があるのです。

フレグランスだけではなく、どの商品にもストーリーは有効です。

例えば、12月生まれの恋人の誕生日プレゼントとしてジュエリーを贈りたいと考えているお客様がいたとします。このとき、「12月の誕生石はターコイズです」とだけおすすめするよりも、**「ターコイズは古くから大切な人が旅立つときにお守りとして贈っていたという伝承があるように、ご自身で購入されるよりも、プレゼントされたほうが幸運のエネルギーが強いと言われているんです」**というストーリーとともに伝えることで、ギフトとしての魅力が増します。

あるいは、12月生まれでなくても、**「これから留学されるお嬢様にいかがですか」**とすすめることもできますよね。

ジュエリー、革製品、インテリア、絵画、電子機器……何においても、その商品にまつわるストーリーを知るだけで、商品の魅力は何倍にもなるのです。

ストーリーテリングは、「この商品知識は、どのようなお客様にどの部分を語れば響くか」を常に考え、そして日々実践することで、上達していきますよ。

POINT

**商品知識は使えば使うたび、磨かれていく**

# 24

## 商品説明で不安をとり除く

心が動く
フレーズ

たしかにおっしゃる通り、決して
お安いものではありません。
だからこそ誰にでもおすすめでき
ないじゃないですか

無難な
フレーズ

そんなことないですよ。
この商品は希少性が高く〜
（メリットのみ伝える）

反論があると身構えてしまい、お客様の気持ちを否定したり、商品のメリットを必死で語ってしまいがちです。しかし、前向きに検討くださっているからこその反論でもあるので、そこは1つひとつ不安をとり除いていくことに注力しましょう。

購入後に想定できる不安をとり除いてあげることも、販売員の大切な役割です。**不安に思われそうなところ、デメリットに感じるであろうことは、商品紹介をしながら、あらかじめお伝えするのもひとつの方法です。**

「お値段は他の素材に比べるとお高いですが、そのぶんお持ちの方が少ないので、人と被るケースが圧倒的に少なくなります。その価値は感じていただけると思います」

「このようなお財布はご愛用いただく間にスナップボタンが緩くなってくることもあるのですが、ボタンのみを交換するリペアもできますので、ご愛用のうちに気になることが出てきたら、いつでもご相談ください」

「白いスニーカーは汚れが気になるという方も多いですが、実はこの素材は表面に防水加工を施しているので、硬く絞った布で拭いていただくだけでもかなり綺麗になります。それでも落ちにくい汚れでしたら食器を洗うような中性洗剤をスポンジに少し含ませて、表面を優しく擦っていただくと綺麗になりますよ」

このように説明するには、お客様から多数寄せられる不安要素・ネガティブな意見に対して、どのようにお答えすれば安心していただけるか、日頃からしっかり考えておくことが必要です。

もちろん、好意的に商品を見てくださっているのに、わざわざ否定的な説明ばかりする必要はありませんが、購入後残念な思いをすることのないように、ケアの方法や、リペアのサービスがあるならばその点も伝えておくことで、より安心して購入していただけるはずです。売って終わりではなく、購入後の未来まで考えてくれる販売員さん、ということでお客様からの信頼も厚いものになります。

## 「ＹＥＳ」で共感し、「ＢＵＴ」で新たな解釈を伝える

**また、お客様の反論は、商品やサービスを否定しているのではなく、購入を検討してくださっているからこそ浮かんでくるものなので、否定せずに、ゆっくりその不安や反論をとり除けるよう努めたいところです。**

そこで有効なのが、「ＹＥＳ，ＢＵＴ」でお答えすることです。

「ＹＥＳ，ＢＵＴ」と聞くと、なんとなく「はい、でも」と即否定しているように聞

こえるかもしれませんが、そうではありません。

**「たしかにおっしゃる通り、決してお安いものではありません」**

このように、YESでしっかりとご意見を受け止めます。そして、

**「だからこそ誰にでもおすすめできないじゃないですか」**

というように、BUTで新たな解釈を伝えます。

「誰にでもご紹介できるものではない」「いいものだと分かってくれるお客様だからこそ」と、お客様は特別な存在だということを伝えることで、お客様の捉え方も大きく変わるはずです。

お客様の想いに寄り添い、「自分だったら」と一緒に考えたり、不安に寄り添いながら共感し、ご納得いただけるよう努めましょう。

POINT

**前向きに検討しているから、不安・反論は生まれる**

# 25
# 購入決定後、新たな商品を紹介する

心が動くフレーズ

ご覧になるだけで大丈夫なので、ぜひご紹介させてください。今後の参考にしていただければ嬉しいので

無難なフレーズ

他にご覧になりたいものはありますか？

お客様に選択していただくのではなく、「ぜひ、ご紹介させてください」と自分から積極的に伝えること。そして、「ご覧になるだけで大丈夫なので」としっかり言葉にすることで、お客様にも気軽な気持ちで商品を見ていただけます。

あなたも「アディショナルセールス（追加販売）」「クロスセル（他カテゴリー販売）」という言葉を、これまで耳にしたことがあるはずです。

私がいたルイ・ヴィトンはレザーグッズがメインのブランドなので、多くのお客様は財布やバッグを見にご来店されます。そこで、販売員になったばかりの私は、いかにして財布やバッグと合わせてご購入いただけるか、を常に考えていました。

例えば、バッグにバッグチャームとか、バッグのハンドルにスカーフを巻いて提案する、というようなイメージだとわかりやすいかもしれません。

ただ、決め打ちでの提案なので、それが決まらなかったときに残念な思いをしたり、落ち込んだりしていました。

しかし、途中で「クロスセルを成功させるためには、とにかくまずはご紹介しなくては始まらない！」というとてもシンプルなことに気づいたのです。

**それからは、購入非購入に関わらず、〝お客様にひとつでも多くの商品を知ってもらおう〟という意識に変わりました。**

例えば、時計をご検討されているお客様には、「**ぜひお手元だけではなく全身が映**

る鏡でご覧になってみてください。このようなバッグの金具と色を合わせるとコーディネートが決まりますよね」と、コーディネートの参考としてバッグをお持ちいただいたり。

さらに、「実はこちらのバッグは同じシリーズでこのバッグに入りやすいコンパクトなお財布もあるんですよ。今後の参考にしていただければ嬉しいので、ぜひご紹介だけさせてください」と財布も合わせてご紹介することもありました。

## このひと言で、お客様の心理的ハードルは下がる

ここで大切なのは、「さらに買わせようとしている」とお客様から思われないように、「見てほしいだけ」としっかり言葉でお伝えすることです。

「今日はご覧になるだけで大丈夫なので、ぜひご紹介させてください。今後の参考にしていただければ嬉しいので」

「今日初めてお会いしたばかりですが、お客様の雰囲気にとてもお似合いになる商品

を思いついてしまったので、あとひとつだけ、ぜひご紹介させてください」

「せっかくいらしていただけたのですから、今日入荷したばかりの特別な商品をご紹介させてください。とても希少なものなので、次回ご来店の際にはもうご覧いただけない可能性が高いので」

「いつかほしいとおっしゃっていた商品が、ちょうど入荷しているので、今日はぜひ目に焼きつけるだけでも」


**このように、「素敵なものだから見てほしいだけ」「お客様にお似合いになると思うのでご紹介だけ」というスタンスでご紹介するので、お客様も気負いなく見てくださいます。**


ご紹介したあとには、「ありがとう。次回は絶対これを買いに来るね」とおっしゃってくださったり、「これ、たしかにギフトにもいいね。来月友達が誕生日だから買っておこうかな」と販売に至るケースも少なくありませんでした。

「1点だけで終わらせずに、もう1点!」という意気込みも販売員として大事ではありますが、お客様にはそれをできるだけ感じさせないように、このように「ご紹介だけ」と見ていただくことも必要ではないでしょうか。

## プライベートな会話から、商品を紹介する

また、商品に絡めて紹介する以外にも、プライベートな会話をしながら追加でご紹介できるものはないか、何か今後に繋がるように紹介できるものはないか、常に考えながら会話を展開していきます。

ご家族の誕生日が近いという情報が得られたら、「すでにプレゼントは考えていますか？」とお聞きして、いつも通り花束をあげるというお話しであれば、

「このようなフラワーベースがあるのをご存知でしたか？　実はホームコレクションが他にもたくさんありまして……」

「私は今年このローズのフレグランスを母にプレゼントしました。ピンクのローズは感謝という意味があるんですよ。母の日やお誕生日に花束もいいですが、枯れない花束をプレゼントするのも素敵ですよね」

というように、繰り返しお伝えしていますが、プライベートな会話から商品紹介をすることもできます。

購入が決まってから「他に何かご覧になりたいものはありますか？」と伺うことが悪いわけではありません。あなたに色々聞きたいと思っていただける関係が築けていれば、「せっかくだから、アウターも気になっているので一緒に見てもいいですか」となるかもしれません。しかし、そこまでの関係構築がまだできていなければ、「大丈夫です」「もういいです」と言われて終了してしまうはずです。

**だからこそ、お客様に選択を委ねるのではなく、「ぜひ、ご紹介だけさせてください」とあなたから積極的に紹介する意識が大切なのです。**

POINT

**商品を知ってもらわなければ、何も始まらない**

# 26

## 商品をコーディネートで提案する

心が動く
フレーズ

お客様の雰囲気にとても
お似合いになりそうなので
（理由）、このニットとぜひ一緒
に合わせて着てみてください

無難な
フレーズ

よろしければ、トップスも
何か合わせてみますか？

押し売りになるのではないかと恐れる必要はありません。お客様がより素敵になる、この商品がより素敵に見える、など、"一緒に合わせていただきたい理由"をしっかりと伝えて提案することで、お客様は納得して受け入れてくださいます。

追加の商品紹介のタイミングに決まりはありませんが、試着される際にさりげなくコーディネートで提案するのはスムーズだと思います。

ただこれは、普段からいくつものものもコーディネートをあなた自身がイメージできていなければ、とっさにできるものではありません。

今の時代、社内に多くの情報があり、それをとりにいく環境は平等にあります。プライベートでも、自分でSNSやネットから、ブランド商品のスタイリングや、流行の着こなしについてなど、情報をとりにいくことはすぐできるはずです。

そこから、行動するかどうかが分かれ道。つまり、情報格差ではなく行動格差だと思うのです。もちろん、情報は見るだけでは何の意味も持ちません。


**私たち販売員に必要なのは、自分がインプットした情報をいかに目の前のお客様と結びつけて、心が動く言葉に変換できるかです。**

販売員「このパンツに、こちらのメンズのTシャツを合わせるとすごく合うんです」
**お客様「え、メンズの商品も置いてるんですね」**
販売員「そうなんです。先ほどお客様があえてトップスはメンズのものを着たりする

**とおっしゃっていたので。以前、スタッフがそのように合わせて着ていてかっこよかったんです。お客様の雰囲気がとてもおしゃれなので、ぜひ試していただきたくて」**

**この会話で大切なのは、なぜお客様にご紹介したいのか、その〝理由〟を伝えることです。誰にでもすすめたいわけではなく、「なぜお客様にすすめたいのか」です。**

だからこそ、幅広く多くのお客様におすすめできるように、日頃からアンテナを張って多くのサンプルを持っておくことが大事だと思うのです。

そのサンプルは、スタッフ同士の「この細いスカーフを、ここに結びつけたらショルダーストラップみたいに使えるね！」という会話から得ることもありましたし、お客様から思いもよらない発想をいただくこともありました。

例えば、60代のとてもおしゃれなお客様が「男性用スーツの襟部分にある穴（フラワーホール）用に」と女性用のダイヤモンドのピアスを購入されたことがありました。

そのときの私は、ピアスをまさかラペルピンとしてご提案するという発想はなかったので、とても素敵な発想だなと思って感動したことを覚えています。

そのような新しい発想をスタッフ間でたくさん共有しておくことで〝そのようなお客様〟にその先提案できるチャンスが増えるということです。

## 今日売ろうとせずに、知っていただく

また、商品提案をすることを「押し売り」と感じてしまって、気が引けるという悩みを聞くことがあります。もし、あなたも押し売りと感じてしまうのならば、それはお客様を知ったうえで提案ができていないのかもしれません。

P51でお伝えしたように、こちらがすすめたいものをすすめようとしたり、追加販売しないといけないという義務感から紹介していると、誰よりも自分自身が一番押し売りになっていると感じるのではないでしょうか。その気持ちから、「お客様に押し売りだと感じさせてしまうかもしれない」と不安になるのだと思います。

**お客様とお話しした結果、「このお客様に〇〇を見ていただきたい」「このお客様には〇〇もお似合いになるかもしれない」と、その方に寄り添った提案、つまり心から**

**〝お客様のために〟と思える提案であれば、押し売りだと思われるという不安は払拭できるはずです。**

前項でお伝えしたように、売ることをゴールとせず、知っていただくことを意識してご紹介、ご提案してみましょう。今日売ろうとするから押し売りのようになってしまうのです。今日売ろうとせず、今日を含めた未来のご購入のために、「知っていただく」「ご紹介させていただく」そんなマインドでやってみてはいかがでしょうか。

POINT

**押し売りと思う原因は、「あなたにすすめたい理由」がないから**

# 第4章

# 「困った場面」に遭遇すると、曖昧なことしか言えません

## ――言いづらいことほど、さらりと言いかえる

# 27
# 困った場面①「自分には似合わない」と諦めている

心が動く
フレーズ

無難な
フレーズ

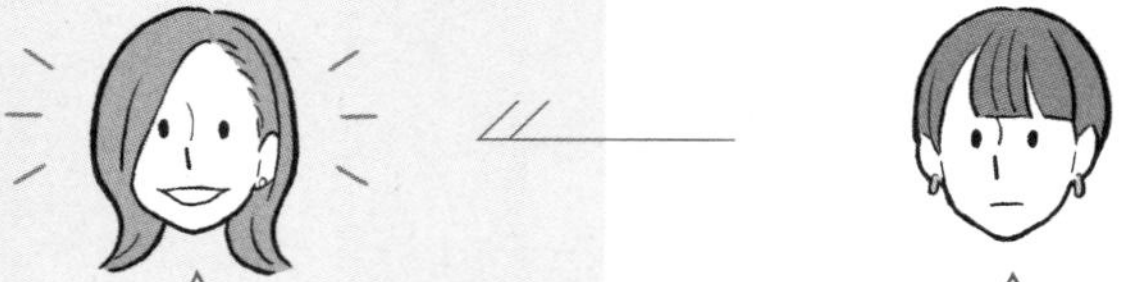

そんなことはないと
思いますが、
どのあたりが
気になられますか？

そんなことないですよ！
お似合いだと思います

「私には似合わない」とおっしゃるお客様の心の中には、チャレンジしたい気持ちが隠れています。なぜそう思われるのか、どの点についてそう感じるのか、という部分を具体的にお伺いできると解決の道筋が見えてきますよ。

お客様から「あなたは若いからいいけど、私には似合わない」と言われたり、もちろん男性の販売員さんも「君みたいに背が高くないから、僕には難しい」などと言われたことはあるのではないでしょうか。

私もお客様の立場になったとき、ついこのような言葉を言ってしまいがちです。

私がお世話になっている美容師さんは、私よりひと回りも年下のとても素敵な女性です。おしゃれな人のヘアスタイルを真似したいと思って、インスタや雑誌で見つけた写真をいつもお見せするのですが、私はどこか自信がなくて「このモデルさんだから似合うんだよね、私には難しいかな」と言ってしまいます。

しかし、その言葉には少しチャレンジしたい気持ちも隠れているんですよね。モデルさんのおしゃれな雰囲気だから似合っていると頭ではわかっていても、そんなふうにしてみたいなと思うんです……。

**そんなとき、彼女はいつもなぜそう思うのか、どこが難しいと感じるかを探ってくれます。**毎朝髪をセットするのに時間がかかるんじゃないか、いつも着る服のスタイルには合わないんじゃないか、など私がそのヘアスタイルが難しいと感じている理由を伝えていくうちに、彼女がいい落とし所を見つけてくれるんです。

「じゃあ、ここの雰囲気はこのままで、セットがしやすいようにこうしましょうか」

「こうすれば、美和さんのいつものお洋服にも合いますよね♡」

こうして、私は彼女が見せてくれるイメージを受けとって、納得してカットやカラーをスタートできるのです。

**つまり、お客様から「あなたは細いから」「あなたは若いから」などネガティブな言葉が出るとき、お客様は「細い」「若い」ということを抜きにしたらチャレンジしたいということです。**

## 「私には似合わない」は、真のニーズを知るチャンス

この美容師さんのようなイメージで、まずはお客様がどの部分を気になっているのか、弊害になっていることは何かを「色が難しそうですか？　形ですか？」「どのあたりが気になりますか？」というように探っていきます。そして、

**「なるほど、リモートでのお仕事で少し体型に変化があったのですね」**

**「トレンドのワンピースですが、妊婦さんみたいに見えないか心配なのですね」**

というように、お客様の気持ちを受け止めます。そして新たな提案をします。二の腕が太いことがコンプレックスで、その部分が出ることが気になるようであれば、

**「たしかにこちらは少し袖が短めなので、こちらの形のほうが気にならないと思います。ぜひこちらも着てみてください」**

**「今ご試着された淡いピンクも素敵ですが、こちらのネイビーのほうがよりスッキリ見えるはずです。淡いピンクはとても綺麗な色ですが、どうしても少し膨張するカラーではあるんですよね。実は昨日担当させていただいたお客様が、同じことをおっしゃっていて。その方にネイビーを試着していただいたらとても気に入ってくださったんです。ネイビーも試着だけされてみませんか？」**

と別の色・形をご提案しつつ、「同じ悩みを持つ他のお客様」というフィルターを通すことでお客様への伝わり方にリアルさが生まれます。

あなたが扱う商品やサービスでも、「私には似合わない」というお客様の声は、裏を返せばチャレンジしたいという真のニーズです。

「そんなことないですよ！」と流さずにしっかり向き合っていきましょう。

## 別の商品を比較に出すと、納得感が増す

ときには、「大丈夫ですよ」「気にならないですよ」というひと押しがほしいだけのお客様もいるようです。その際には、お客様が気にされている部分を払拭できるような理由をお伝えしながら、「大丈夫ですよ」とご安心いただけるよう努めます。

**「おっしゃる通りボリュームワンピースって、太って見えるかな、若づくりかなって思いますよね。わかります。たしかに白や淡いピンクでしたら膨張することもありますが、ご試着いただいている黒でしたら、シルエットはふんわりしていても締まって**

**見えますし、甘すぎる印象もないので、若づくりをしている印象はまったく感じません。本当によくお似合いです」**

このような場面では、**「もし色がこうだったら……」「もしシルエットが広がっているデザインだったら……」というように、捨てる商品をあえてつくることもときには必要です。**

また、**「リブニットのようなシルエットがスッキリしたものでしたら、淡いピンクもお客様にとてもお似合いになると思います」**というように補足し、「淡いピンク自体が若づくりで似合わないんだ」と誤解を抱かれないように、お伝えできるとより親切です。

POINT

## 美容師さんのように、カウンセリングをしよう

# 28
## 困った場面② 「この店で買うつもりはない」と宣言された

心が動くフレーズ

無難なフレーズ

そうなんですね。本日は当店
にいらしてくださり
ありがとうございます。
ぜひご案内させてください

そうなんですね。
かしこまりました
（離れてしまう）

「買うつもりはない」とわかるとがっかりして、お客様から離れてしまう販売員さんもいますが、ここが大きなチャンスと知るべきです。「買わないのに尽くしてくれた」という事実は、今日ではなくても、いつか大きな結果として返ってきます。

「今日買うつもりはないの」「いつも○○で買っているから」、お客様からこう言われたときほど、そこを超えたいと思ってきました。

私自身、このような「ポイントがつく、少し安く購入できる」というアドバンテージを超えた接客を受けた経験が何度もあるからです。

例えば、仕事の疲れが急に痛みになって現れたので、急遽近くのマッサージ店に行ったときのことです。

20代の若い女性が迎えてくださり、丁寧に対応してくれました。施術中、私がヒールを履いての立ち仕事を長くしていたことや、今はパソコンを使って仕事をするので、同じ姿勢でいることが増えたことなど、少しずつ聞き出してくれました。施術が終わりお会計の際には、私の様子を伺いながら、笑顔でそして控えめに、

「今日ほぐした体も1週間から10日でもとの状態に戻ろうとするので、最初は短い間隔でいらしていただき、ほぐれてきたら少しずつ間隔を開けてもいいと思います」と説明してくれました。メリットを伝えながら「次回も続けて来てほしいです」という一生懸命な思いが伝わってきました。「通常1回7千5百円ですが、6回チケットだ

と3万5千円とかなりお得なチケットもありまして……」と、すすめることもどこか控えめで、でも一生懸命さが伝わる感じだったのです。

**会話が得意な方ではありませんでしたが、たどたどしい中でも、私のことを知るための質問をしてくれて、私の体に向き合ってくれたのがよく伝わってきたので、その一生懸命さに心動かされ、チケットを購入していました。**

「続けて来たほうがいいんですね。じゃあ、6回チケットにします。次回も○○さんにお願いできますか？」と伝えたときの彼女の嬉しそうな顔が印象的でした。

このように、ベテランさんのような慣れた説明ではなくても、心が動かされることはよくあるということです。

ベテランだと一生懸命さが伝わらない？　いいえ、そうではありません。ベテランさんでも自分のために一生懸命あれこれ提案してくださる販売員さんがいるとついつい、ここで買って行っちゃおう！　と思うこともあります。

ポイントが何もつかない路面店で、販売員歴10年近いお姉さんに接客してもらったときには、私が試着したいパンツに合うようなシャツを提案してくれたり、試着している間にシューズやアクセサリー、テイストの違うワンピースなど試着室の外に色々用意してくれました。

**私は販売員の立場もわかるがゆえに、買ってもらいたいんだろうな、ということも伝わってきましたが、私に似合いそうなものを考えて、一生懸命集めて提案してくださる姿勢に嬉しくなり、とても楽しくあれこれ試着させていただきました。**

私はときに試着室で他サイトを調べて価格を比較しちゃうこともありますが（笑）、このときはせっかくここまでしてくださったのだし、楽しかったからこのまま買っていきたいな、と思いました。

## 尽くす姿勢が、お客様の心を動かす

商品知識を詳しく語れることも、もちろんあればとても素晴らしいと思いますが、それだけではないということです。

**人の心を動かすのは、このような「目の前のお客様のために」と一生懸命向き合うこと、尽くすことなのだと思います。**

このようにポイントや価格の壁を越える接客を体験しているからこそ、私が販売員の立場で「ここで買うつもりない」「今日は買わない」と言われたときには、**今じゃなくてもいつか、私がよかったと言ってもらえるよう尽くしてきました。**

例えば、「来月旅行でパリに行くからそのとき買うつもり」というお客様には、「素敵ですね！　よく行かれるのですか？　何日間くらい行かれるんですか？」とお話ししながら、

**「品番や金額を控えておきますね。この品番は全世界共通なので、パリのお店でもこちらをお見せいただければ在庫の確認ができます。ご安心ください」**

というように、最後まで気持ちよく、私に対応してもらってよかったと思っていただけるように。パリで在庫がなかったり、購入に至らなかった際にもう一度戻ってきていただけるように。そんな気持ちで、お客様にできる限りのことをしていました。

「百貨店で購入したほうがポイントがつくから」というお客様には、

**「大変人気の商品ですので、電話して在庫を確保しておきましょうか？」**

というように、以前、移動中に売れてしまい、到着されたときには在庫がなかったことで、お客様に残念な思いをさせてしまった経験があるので、そのような思いをさ

れないようお手伝いしていました。
このような対応をしたことで、「あのときはありがとう」と後日会いに来てくださったり、「他店にも行ったんだけど、やっぱりあなたから買いたくて」と後日お電話をくださり、ご購入いただいた経験もあります。

本書を読んでいるあなたにも、ぜひたくさんの「お客様になる時間」を持って、そのような体験をしてほしいのです。
意外とそんなに多くはないと思います。だってポイントも価格も普段の私にとってはとても大事ですから。それでも、そのような経験をしたことは、その後の販売員人生に大きな気づきを与えてくれたと今でも思っています。

POINT

**お客様は、「買わないのに尽くしてくれた」事実をずっと覚えている**

# 29

## 困った場面③ 再来店された お客様の名前が思い出せない

心が動く
フレーズ

○○様には、
こちらがお似合いだと
思います

無難な
フレーズ

（名前を呼ばずに）
お客様には、
こちらがお似合いだと
思います

名前を呼ばずに接客を進めていくことは十分可能です。ただ、お客様とより関係を深めていくという意味では、名前をお呼びしたほうがよりパーソナルな接客になりますし、1つひとつの話がお客様に、より自分ごととして届きます。

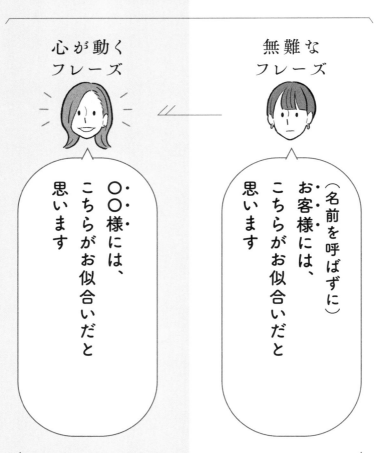

自分宛てにお客様が再来店してくださること、それは販売員にとって、とても幸せを感じる瞬間です。

しかし、そんな嬉しい瞬間なのに、お客様の名前や購入してくださった商品をどうしても思い出せない……という経験はありませんか？　生徒さんから日々届く悩みには、「お客様の顔が覚えられません」というものがとても多くあります。

私は、購入非購入問わず、一度お会いしたお客様は何年後でも覚えていました。

異動前のお店（新宿髙島屋店）で一度接客をして、その3年後に表参道店でお会いした際、そのときのお客様の様子やご紹介させていただいた商品の話をしたところ、「あれもう何年前？　よく覚えてるわね」と驚かれたことがあります。

これは単に記憶力がいいからではありません。私は仕事から一歩離れればとても忘れっぽく、子どもたちにもよく心配されるほどです（苦笑）。ただ、販売員として店頭に立っていた頃、お会いしたお客様のことは本当によく覚えていました。

**では、なぜお客様のことを覚えているのかというと、プロダクトフォーカス（商品を中心とした）ではない会話を意識していたからに他なりません。**

本書でここまでお伝えしてきたように、お客様がどのような方なのか、それを知るためのパーソナルな会話をとにかくたくさんしていたのです。

■毎年夏休みにハワイに行っていたのに、今年は行けなくて残念とお話ししていたお客様。せめて国内で夏を満喫したいとおっしゃっていて、ノースリーブのワンピースをたくさんご紹介した。

■混雑を避けるために電車通勤から自転車通勤に切り替え、ビジネスバッグもバックパックに変えたくて、と見にいらしたお客様。新しく購入した電動自転車の話をたくさん伺って、バックパックやメッセンジャーバッグ、自転車に乗る際に動きやすいパンツなどをご案内した。

というように、どんな会話をして、そこからどんな商品をご案内したのか、関連づけて覚えると記憶に残りやすくなります。

**顧客が多い販売員はそのように、お客様と商品やサービス以外の話をたくさんして、記憶しているはずです。**

そして、もうひとつ気づいたことがあります。

最近、インスタライブをすることがあるのですが、よく視聴してくださる方、コメントをくださる方のことも、お客様同様しっかり記憶しています。

それはなぜか改めて考えてみると、私はいつも相手の名前を呼んで会話をしていることに気づいたのです。

**「daikichiさん、こんばんは！　今日も見てくださってありがとうございます」**

**「先日第二子が産まれたとおっしゃっていましたよね。daikichiさん、おめでとうございます！」**

**「え、daikichiさん、今千葉に向かっている電車の中なんですか？」**

**「daikichiさん、そうなんですね。私も実は千葉出身なんですよ」**

というように、目ではアイコンの写真を見て、何度も繰り返しアカウント名をお呼びしながら会話をしているので、次回その方がコメントをくださった際にも、すぐに気づき、以前の会話を思い出すことができるのです。

これは、販売員時代にもやっていたことでした。

名前を伺うシーンがあれば、そこからはお客様の名前を接客中に何度もお呼びします。そして、目を見てプラーベートな会話をすることで、名前・顔・会話した内容の記憶が一致して残ります。

## こんなときは、ダイレクトに聞いてしまおう

とはいえ、お客様に呼んでいただけたけれど、顔は覚えていてもどうしても名前が思い出せないときは焦りますよね。

**あやふやなまま、微妙な雰囲気で探り探り接客をしていても、きっと楽しんでいただけないと思うので、そんなときには思い切って名前を伺いましょう。**

**「すみません。今一度お名前を伺ってもよろしいでしょうか」**

**「ありがとうございます。○○様ですね。お名前をすぐに思い出せずに申し訳ございません」**とお客様は私の名前を覚えていてせっかく呼んでくださったのに、私は覚えられていなくて本当にすみません、という思いをお伝えします。そのうえで、前回の

購入履歴を確認しながらしっかりとご案内したほうが信頼に繋がると思います。

**お客様の顔を覚えられない場合には、ここは視点を変えて、お客様から呼んでいただけるように、初回接客でお伝えします。**偶然にもお客様を今日担当させていただけたことに感謝をお伝えして、次回もぜひ私にご案内させてください、と伝えます。

**「今はこうしてマスクをしているため、次にご来店された際、すぐに気づくことができないかもしれないので、ぜひお客様から私をお気軽に呼んでいただけたらとても嬉しいです」**と、ストレートにお伝えすればいいと思います。

まだまだ自分の名前を伝えられていない販売員さんも多いのが現状です。

マスク生活以前からお客様の顔を覚えるのが苦手だった方は、今をチャンスに自分自身をしっかりと覚えていただくことを意識しましょう。

POINT

**相手の名前を呼ばない人は、想像以上に損をしている**

# 30

## 困った場面④　ご案内中に顧客の方が来店された

心が動く
フレーズ

△△は普段からとても
おしゃれなので、
ぜひ△△の意見も参考にして
みてくださいね

無難な
フレーズ

ここからは、
代わりに△△が対応させて
いただきます

引き継ぐスタッフの名前を伝えるだけでも安心感はあります。ただ、単に名前を伝えるだけでなく、お客様の前でそれまでの経緯を引き継ぎ、3者で空間を共有できると、その後、お客様もスタッフもより心地よく過ごせるのではないでしょうか。

自分宛てにいらっしゃる顧客の方が増えれば増えるほど、お客様が重なってしまう場面も増え、どのように振る舞うべきか戸惑うこともあるかもしれません。

ここでは、シチュエーション別にどのような対応ができるか見ていきましょう。

**1**／接客中に「アポイントなしのお客様」がご来店された場合

数時間前に接客したお客様がお戻りになられたり、ご来店の約束はしていない顧客の方がふらっと立ち寄られた場合です。

「土井はただ今接客中でして、お待ちいただけますか」とお待たせしてしまうこともありますし、別のスタッフが対応してくれることもあると思います。

**別のスタッフが対応してくれていれば安心して、ご案内中のお客様を対応することもできますが、そんなときにも必ず一度ご挨拶はしたいものです。**

販売員「〇〇様、こんにちは。ご来店いただきありがとうございます。実は今接客中でして、正確なお時間はわかりませんが、恐らく30分以上お待たせしてしまうかもしれません。今△△が代わってご案内できそうなのですが、ご覧になってお待ちいただいてもよろしいですか？」
お客様「そっか、ちょっとタイミングが悪かったね。じゃあ先にお昼を食べて14時くらいに戻ってくるよ」
販売員「かしこまりました。お時間調整していただいて申し訳ございません。それではまた14時頃ですね？　その頃にはご案内できるようにしてお待ちしております。ありがとうございます」

あるいは、「そっか。じゃあ△△さんに見せてもらうから大丈夫だよ」とおっしゃっていただけたら、スタッフにお願いし、ご案内中のお客様のもとに戻ります。その際にも、商品をとりに行くとき、お会計に行くときなど、お待たせしているお客様のところに少し顔を出して、「いかがですか？」と様子を伺います。「大丈夫だよ、まだ見てるから」とおっしゃっていただけたら、「ありがとうございます。また終わり次第参りますね」と伝えます。

**スタッフに任せたままにせず、ご来店いただいた際に必ずご挨拶に伺うこと、接客が長引いている際には途中でも様子を見に行くことで、お待ちいただいているお客様**

**に「自分も大事にしてくれている」ということが伝わります。**

また、ご挨拶の際、「少々お待たせしてしまいます」と伝えるのは、「少々」は人によって感覚が違うので注意が必要です。これはどのような場合にも言えることですが、この感覚のズレが、クレームに繋がることもあります。

ここは、「少々」という表現ではなく、「**正確には言えませんが、恐らく30分以上はかかってしまうかと思います**」というように伝えるのが適切です。

それによって、「そんなにかかるならまた改めて来るよ」となるかもしれないですし、「じゃあ、店内見ながら待ってるね」となるかもしれません。

**お客様からしても大切な時間だからこそ、お客様の立場に立って、ほんの少し工夫してお伝えすることで信頼関係が築けるはずです。**

2／接客中に「アポイントありのお客様」がご来店された場合

「**ご案内中に申し訳ございません。実はお約束のお客様がご来店されたため、ここからはご案内を△△に代わらせていただいてもよろしいでしょうか**」とご案内中のお客様に伝え、お客様の目の前でスタッフに引き継ぎをします。

「こちらのバッグと、こちらのお財布をご覧いただいていて、バッグは以前にも何度かご覧いただき本日購入しようかと思われているのですが、お揃いのシリーズでお財布も買ってしまおうか、色も2色とも可愛くて迷っていらっしゃるのですよね？」

「お客様、こちらのスタッフは普段からとてもおしゃれなので、ぜひ△△の意見も参考にしてみてくださいね」

**ここで大事なのは、ここまで接客してきた流れや内容を、引き継ぐスタッフにもお客様にも確認しつつ伝えることです。**

「ここから△△に交代させていただきます」とすぐに離れるのではなく、お客様はこれまで商品をどのようにご覧になってきたか、どのようなニーズをお持ちなのかを、〝お客様の目の前〟で引き継ぐことで、お客様も0から新しいスタッフにまた伝える必要もなく、安心して引き続きご覧いただけるはずです。

引き受けてくれるスタッフに感謝しつつ、あなたが離れたあと、そのスタッフがスムーズに接客を続けられるようコミュニケーションをとりたいですね。

## 引き継ぎは、「お客様情報」だけじゃ足りない

基本のお客様情報を伝えるだけではなく、例えばお客様が少し繊細な方であればそのような細部にわたる情報も引き継ぐべきだと思います。

**「お客様は少し細かいところが気になる方のようです。ご案内中、縫い目や色ムラなどもご覧になっていらしたし、傷んできたときのケアも慎重に聞いていらしたので、ご購入が決まったあとも、再度ケアの方法について説明して差し上げると安心されると思います」**

**「一緒にいらっしゃるお連れ様のご予算は20万円まで、とさっきおっしゃっていたから、そこも気をつけながらおすすめして差し上げてね」**

というように。お客様の前で伝えられない内容は、お客様が席を外したタイミング、あるいは、お客様に一度お待ちいただきバックヤードで伝えます。

言うまでもありませんが、普段からスタッフとコミュニケーションをとっておくことで、このような仕事でも助け合える関係ができるのです。

このような意識を持つことは、あなたがお店を異動するときにも活かされます。顧客の方の情報（年齢・性別・住所・職業・家族構成・購入履歴など）だけを引き継ぐのではなく、長年おつき合いすることで生まれたお客様とあなたのエピソードや、お客様の性格、どのようなことを大事にしている方なのか、接客で注意すべき点なども引き継ぐことはもちろん、**異動前にあなたと引き継ぐスタッフとお客様、3者で時間を共有していくことが必要です。**

あなたとお客様との空気感、どのようなテンションでお話ししているのか……、単にお客様情報を引き継ぐのではなくそのような時間を持つことで、引き継ぐスタッフとお客様間に信頼関係が生まれ、引き継ぎがスムーズに、そして3者が安心して行えるものになっていくのです。

POINT

**コツは、〝お客様の目の前〟で〝空間〟まで引き継ぐこと**

# 31
## 困った場面⑤ 在庫が現品しかない

**心が動くフレーズ**

こちら最後の1点でした。
今日いらしていただいて
本当によかったです！

**無難なフレーズ**

最後の1点ですが、
こちらの商品でも
よろしいでしょうか？

現品で大丈夫かな？　という自信のなさが伝わる「よろしいでしょうか」だと、よろしくないのかな？　よろしくなければ新しい商品を用意してもらえるのかな？　とお客様に感じさせてしまいます。言い回しでポジティブに伝わる工夫をしたいですね。

お客様の中には、「最後の1点」「現品のみ」と言われると、購入に難色を示す方もいます。これまで、たくさんの人が触ったかもしれない、とそのまま買うことに抵抗があるお客様は少なくありません。

ここは、お客様によって感覚の違いがあるので、「こちらの商品が最後の1点となり、こちらをお包みしますがよろしいでしょうか」と必ず確認する必要があります。当たり前のように無言で現品を包んでしまうと、その様子を見ていたお客様の不信感に繋がります。

**そして、お伝えするときには、申し訳なさそうに伝えるよりも、「こちら最後の1点でした。今日ご来店いただいて本当によかったです！」と笑顔でお伝えできると、お客様の「現品」に対する印象が大きく変わるのではないでしょうか。**

また、難色を示されるお客様にも、できるだけその商品をお求めいただけるよう努めます。前提として、店頭在庫からの販売が販売員には求められているからです。

**例えば、ポジティブな内容であれば、商品が入荷したタイミングやどのくらいの期間ディスプレイされていたかをお伝えできます。**

**「先日売り切れてしまって以来、久しぶりに今朝入荷したので、先ほど店頭に出したばかりなんです」**

**「昨日入荷して店頭に出したのですが、昨日も今日も雨だったせいかお客様のご来店は多くなく、お手にとられているお客様も少なかったように思います」**

**「先ほどまでお取り置きでキープしていた商品だったのですが、ちょうどキャンセルになって、たった今店頭に出したところです」**

現品が気になるお客様は、「多くの人が触れていないほうがいい」と望んでいることがほとんどなので、そのようなポジティブな内容をお伝えすると、その不安を和らげることができます。

ただし、先ほどのセリフで注意したいのは「キャンセル」というワードです。

ラッキーと思うお客様もいる一方で、ネガティブなイメージを持ってしまうお客様もいます。「キャンセルになったってことは人気がなかったの?」というように。

そこで私は、「キャンセル」というワードがネガティブに伝わらないよう意識してお伝えしていました。

「キャンセルされたお客様は、2色で悩んでいらしたんです。普段着られるお洋服の雰囲気だと、ブルーのほうがやっぱり合うねとおっしゃって、ブルーをご購入いただいたのです。お客様はピンクをお探しだったので、本当にちょうどよかったですね！　逆でしたら今日ピンクはご覧いただけなかったですものね」

それでも気になるご様子でしたら、「他店でも同じ状況が予想されますし、完璧にどなたも触れていないということは難しいかもしれません」と伝えたうえで、他店の在庫状況や次回の入荷の有無、ＥＣでの在庫状況などをできる限りご案内します。

大事なのは、「気になる」というお客様の感情にきちんと寄り添い、最大限のことをして差し上げることです。

POINT

**「よろしいでしょうか」よりも、「どうすれば不安を払拭できるか」まず考える**

# 32

# 困った場面⑥　お客様が自分の苦手なタイプ

心が動くフレーズ

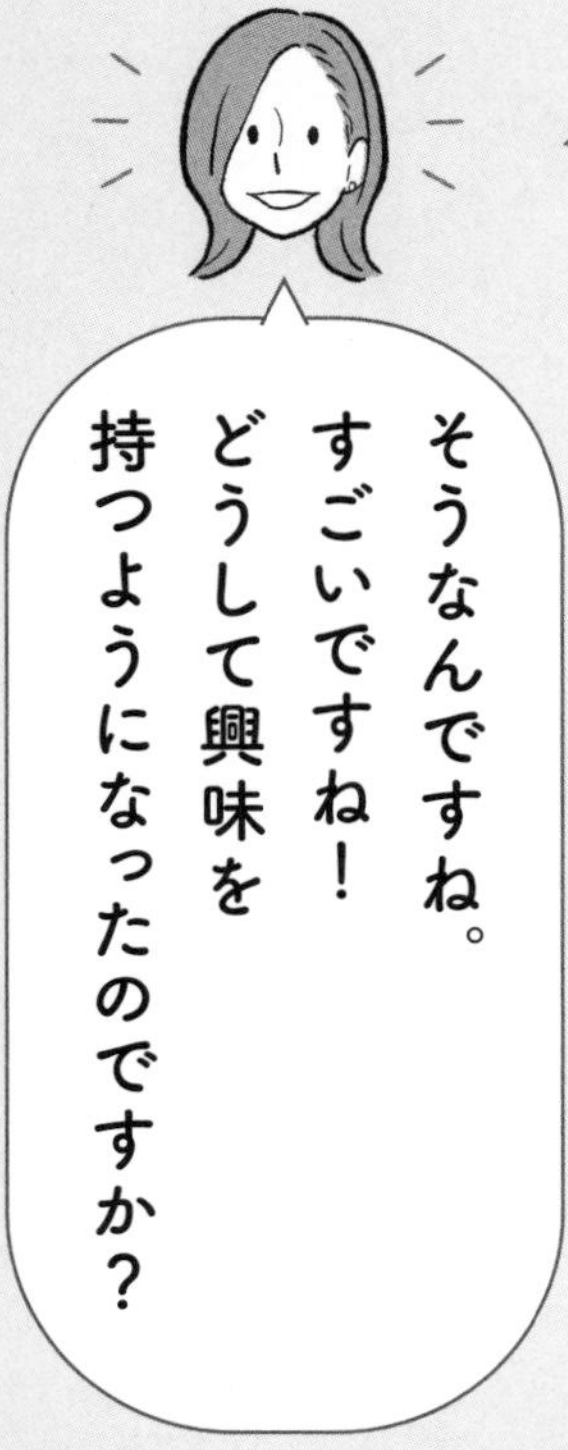
そうなんですね。
すごいですね！
どうして興味を
持つようになったのですか？

無難なフレーズ

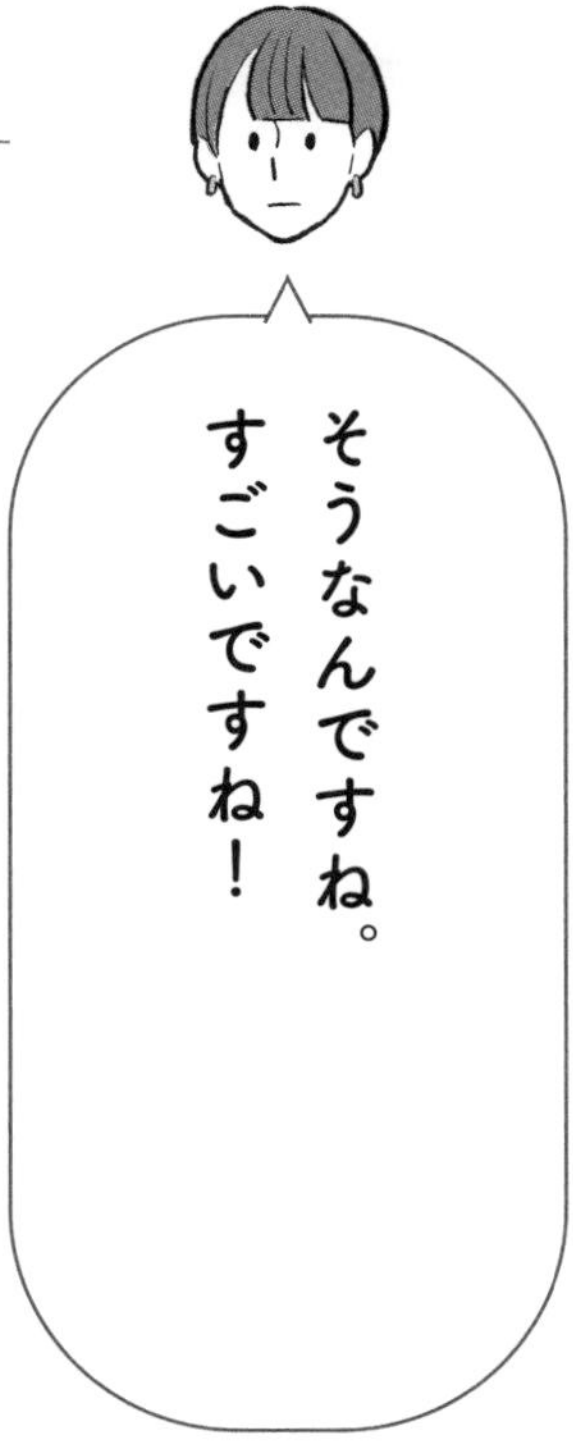
そうなんですね。
すごいですね！

苦手意識を回避するには、「さ行の相づち」を意識するだけではなく、お客様に興味を持って、さらに深堀する質問を加える必要があります。お客様はもっと気持ちよくお話ししてくださるはずです。

あなたには苦手なタイプのお客様がいますか？　販売員を始めた20代前半の頃、私は様々なタイプのお客様に対して苦手意識がありました。

■シンプルに強面（オラオラっとした雰囲気で怖い）
■同世代の男性（どんなふうに相手から見られているのか、プレッシャーを感じる）
■目上の方（他ブランドについて深い知識をお持ちで、知識量の差に落ち込む）
■子連れのお客様（走り回ったり、あれこれ触る子どもが気になっていた）
■若い男性の団体客（ノリと悪ふざけに巻き込まれてしまう）
■マダムの集団（おしゃべりに夢中でこちらの言葉が届かない）
■無口で反応が薄い方（何を考えているのか掴めない）

書いていてお恥ずかしいですが、なぜ苦手だと感じていたか振り返ってみました。

若い頃は、商品知識も経験もなく、自分に自信が持てず、余計にオロオロしてしまっていたように思います。そのせいでお客様に叱られて、次にまたそのようなタイプのお客様にアプローチするのが怖くなって……、という悪循環でした。

一度苦い経験をす、同じように傷つきたくない、と思うのはごく自然な感情です。ただ、そこを恐れず臆せずにチャレンジしていくことで、少しずつ知識も蓄積され、広い対応力と経験にて苦手意識はなくなっていきました。

例えば、目上のお客様も、私が追いつかないことばかりで落ち込むことが何度もありましたが、逆に「そうな。すごいですね！　それはどのような場所なのですか?」「素敵ですね。いつかたいです！」「今度行ってみます。レストランの名前をメモしたいので、もうもよろしいですか?」というように質問し、後日訪れた感想を改めてお話し係を深めていきました。

「さ行の相づち（さすがですね・知りませんでし・センスがいいですね・そうなんですね）」をご存じの方は多いと思いますが、単にですね」と言うだけではなく、**「すごいですね。何がきっかけで始めようと思か?」「若い頃から興味があったのですか?」「よく行かれるのですか?」**と**「へぇ、すごーい」で終わらせず、さらに深く興味を持って質問を投げかけ**

苦手としていた目上のお客様も、こうして興味を持って話娘のように可

愛がってくださるようになり、リピートに繋がりまし
このようなお客様からは19年間の販売員人生の中は決して教えてもらえないような多くのことを教えていただき、今でもになっています。

## 共通点が見つからなくてもは広がる

さらに振り返ってみると、苦手意識いたお客様に共通していたことに、「自分との共通点が見つからない」というると気づきました。

世代の違う方と何を話せばいい異性と何を話せばいいのか、ファッションのタイプが自分の好みとは全然違どのように話せばいいのか……、そのような不安がお客様に近づく際、足かなっていたと今ならわかります。

**そんな自分との共通点がからないときには、自分の家族や友人、同僚などの話から共通点を見出していいいのです。**

「“夫も”ネクタイレーとネイビーばっかりです。ご自身で選ばれるとついつい

同じような色が増えてしまいますよね。淡いピンクなどはあまりされませんか？」

「私のお客様にも〝車が好きな方がいらっしゃって。男性は本当に車が好きな方、多いですよね。昔からそうなのですか？」

「〝お店のスタッフにも〟ゴルフにハマっている先輩います。女性でゴルフをされる方って本当にかっこいいなと憧れます。私は一度打ちっぱなしに行ったことがあるのですが、次の日ムチ打ちになって起き上がれなくなりました（笑）」

このようにお話しするためにも、周りにいる家族や友人、同僚の話に日頃から耳を傾けること、たくさんのアンテナを持って収集し続けることを意識しましょう。

POINT

「教えてください」のスタンスで、苦手意識は克服できる

# 33

## 困った場面⑦　雑談の時間がとても長い

心が動く
フレーズ

すみません、
すっかり楽しくて私、
お引き留めしてしまって。
お時間大丈夫でしたか？

無難な
フレーズ

そうなんですか
（話が終わるのをただ待つ）

あまりにも長い時間、お客様の話が終わるまで聞き続けているのは考えものです。店舗の混雑状況や自分の予定なども考えながら、自分で時間をコントロールできるように、お客様に失礼にならないフレーズでお伝えしたいですね。

自分宛てにいらしてくださるお客様の中には、商品が見たいというよりも「販売員さんと話したい」という目的で来られる方も少なくありません。

ご来店は嬉しいことではありますが、毎回2時間3時間ずっとお客様のお話を聞いていると、「商品は見ないのかな、お店が混んできちゃった……」と焦ったり。お客様は悪くないと思いつつも、こちらの気持ちも知らずにずっと話し続ける様子にイラっとしたり。そんな経験があるのではないでしょうか。

お客様はよく話を聞いてくれるあなたに話すのが心地よいのでしょう。その場合、P101でもお伝えしたように、雑談をしながら商品の話ができるといいです。

**お客様「俺よく仕事で海外旅行に行くんだけどさ、前回パリに行ったときにこの時計も買ったんだよね」**

販売員「とても素敵な時計だなと思っていました。どちらの時計ですか？」

**お客様「〇〇のだよ。世界に10本しかなくてね」**

販売員「わぁすごいですね！　時計お好きですものね。先日、私どももこちらの時計を発売したのですがご覧になりましたか？　日本限定の商品なんですよ」

時間やお店の状況が許すのであれば、勉強になるお話ですし、知識も増えるのでさらに深掘りしてお聞きしたいところですが、店頭の混雑状況も考えながら、このような対応ができるといいです。

私自身、以前は、お客様の会話を途中で止めてしまうことに引け目を感じ、なかなかできなかったのですが、いつもひたすら雑談をし続けるお客様との出会いをきっかけに、会話に耳を傾けながらも「このお客様に商品を紹介するには」と頭の中では考える訓練ができました。雑談から得た情報を商品紹介に繋げていく、そのスキルが育ったのはそのお客様のおかげだと思います(笑)。

その後は、お客様に「楽しかった」と思っていただけるとともに、潜在的なニーズに対する商品提案ができることで、「なかなかこんな人はいない」というお言葉をよくいただくようになり、顧客はどんどん増えていきました。

**私たちは販売員なので、会話のお相手をすることが主の仕事ではありません。**

**そこは「ただ話を聞いてくれるいい人」になるのではなく、お客様の買い物のお手伝いをするアドバイザーである、という軸をしっかり持つことが大切です。**

ついつい話が楽しくなってしまって、長時間に渡り、商品以外の話で盛り上がってしまうこともあると思います。そんなときは、店頭の様子を見ながら、

**「急にお店が混んできましたね。お昼すぎだからですかね。すみません、すっかり楽しくて私、お引き留めしてしまって。お客様、お昼はもう召し上がられました？」**

とこの状況に今気づいたかのように、空気を変えるのもひとつです。

「あら！　すっかり話し込んじゃってごめんなさいね。そうそう、今日はあとスカーフが見たかったのよ」というように、商品の話に戻ることもよくあります。

それでも難しいときは、「**お客様、とても楽しいお話の途中にすみません。実は本日16時にお客様にお電話するお約束がございまして**」と、20〜30分後くらいの時間を設定してお伝えするといいと思います。

POINT

## 慕われる販売員は、会話の切り上げ上手

# 34

## 困った場面⑧　お客様の誤りを訂正する

心が動く
フレーズ

価格改定はしていないのですが、
もしかしたらこちらで価格を
出し間違えてしまっていた
可能性もあります。
申し訳ございません

無難な
フレーズ

価格改定はしていませんが、
何か別の商品を
見られたのですかね。
（本当に）こちらの商品でしたか？

どんなことにも“絶対”はないですし、もしかしたらこちらに非があったのかもしれないと、常にその可能性を持っておくことが大事です。その意識があれば、初めからお客様に非があるような伝え方にはならないはずです。

お恥ずかしい話ですが、私には10年経った今でも鮮明に覚えている「接客クレーム」を起こした経験があります。

サービスエキスパート（SE。一定以上の販売実績・顧客数を持つ人に与えられるポジション）に認定されて間もない頃、私は「SEとして、プロの販売員として、手本になるような接客をしなくちゃ」と意気込んでいました。

そんなある日、会社の同僚と思われる男女2人組のお客様を接客する機会がありました。男性のお客様は、ご自身が知っているルイ・ヴィトンの歴史や知識をたくさん話されています。そして、「なんかさ、すっごい値上げしてるよね？　半年前に来たときは1万6千円だったからね」とおっしゃられたのです。

私は〝ここ1年以上値上げはしていないし、1万6千円で販売していたのは何年も前だな……〟と思いました。そして、すぐに価格改定歴を調べて、「ここ1年価格改定はしていませんが、何か別の商品を見られたのですかね。（本当に）こちらの商品でしたか？」とお伝えし、初めからお客様に非があると決めてかかってしまったのです。

何をそんなに必死で戦おうとしたのか、その頃の私はＳＥになったことで力みすぎて片意地を張ってしまったのだと思います。

お客様は大変ご立腹され、そこから3時間以上店頭でお話しされました。「謝罪しろ」「何が悪かったのか言ってみろ」と何度もおっしゃられ、「プロの販売員として本当に失礼な発言でした」と伝えたところ、「プロの販売員？　プロ？」と大声で笑われました。おっしゃる通り、そのときの私は、ただただ自分本位な接客で「プロ」どころか「販売員」としても失格でした。

**「もしかしたら私が間違っていたのかも」「もしかしたら自分の記憶違いかも」「もしかしたら私の伝え方がよくなかったのかも」とその可能性を常に持っておくことが大事だったと今は思います。どんなことにも、〝絶対〟なんてないのですから。**

あのとき、「**この1年価格改定はしていないのですが、もしかしたらこちらで価格を出し間違えてしまっていた可能性もあります。申し訳ございません**」と〝1年間価格改定をしていない〟という事実はお伝えしつつ、〝でもこちらに何らかの不備があり、お客様に正しい情報が伝えられなかったのかもしれない、そうだとしたら本当に申し訳ない〟ということをお伝えすべきだったと思うのです。**大事なのは正論を述べることよりも、ご来店されたお客様がどんな目的でいらっしゃったのかを汲みとることです。**お客様は「知識を張り合いたくて来店した」わけではないでしょう。本来の「商品に興味があって来店した」というお気持ちを損なわないよう、楽しんでいただくことが大事なのです。

## クレームには、人と場所を変える

1人でなんとか解決したいという思いから、最初は謝罪してお話を続けていましたが、上司を出せとおっしゃられたため、途中から上司にも対応してもらいました。そして、お席にご案内して、そこでさらにお話をさせていただきました。

**自分1人で対応してもなかなかご納得いただけない際には、「人」を変え、さらに「場所」を変えてみることで、お客様も少しずつ落ち着かれることもあります。**

あとにも先にもこのような大きな接客クレームはありません……。長く勤めていると、会社や扱う商品に対して愛情たっぷりになり、お客様から否定的な言葉を言われると、全力で戦いたくなってしまうこともあると思います。

しかし、私たち販売員は、お客様に寄り添うことを優先すべきです。

このときのお客様はのちに再来店され、ご希望の商品をお買い求めくださったのですが、不愉快な思いをさせてしまい、心から申し訳なかったと思っています。


また、このような販売員の態度や発言に対する「接客クレーム」がある一方で、商品不具合に対する「商品クレーム」もありますよね。

商品クレームの場合、正直自分ではどうすることもできない場合が多いため、社を代表してお詫び申し上げるというスタンスで対応します。

しかし、会社側の立場しか見えなくなり「私たちはクレームには屈しません！」という態度を貫いてしまうと、「商品クレーム」から始まった話が「接客クレーム」となって、なかなか消せない大火事になってしまうこともあります。

どのようなクレームでも、お客様がどの部分に対して残念だと思っているのか、どの部分にご立腹されているのか、それをしっかりと理解し、お客様の立場だったら、と考えることが大切です。

**お客様の話を伺いながら、「たしかに、私もお客様の立場だったらそう思うかもしれない」と感じるのであれば、それをお伝えすることがあってもいいと思います。**

**「たしかに、この部分が痛んでくるなんて想像もしなかった、とおっしゃるお客様のお気持ちもよくわかります」**というように。

「おっしゃることはしっかりと理解しました。そのうえでできることとしては……」と、気持ちに寄り添ったうえで、こちら側の意向を伝えることで、お客様にもご理解いただけるのではないでしょうか。

POINT

**正論を伝えることに、躍起になっていませんか？**

# 35

## 困った場面⑨　クレームに対して謝罪する

心が動くフレーズ

つまり、
こういうことですよね。
それは本当に
申し訳ございませんでした

無難なフレーズ

誠に申し訳ございません

何に対して謝罪しているのか、自分自身が理解していなければ、その謝罪はお客様に届かないどころか、お気持ちを害することすらあります。謝罪よりも、”どうしてほしかったのか・どうしてほしいか”のほうがお客様にとって大事なこともあるのです。

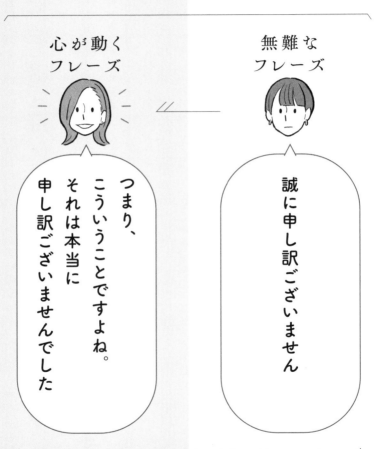

クレームに対するリスクマネジメントとして、私が意識してきたことのひとつに、「意味の場所」があります。これは私が大学時代に受けた、おそらく「国際コミュニケーション概論」という授業で紹介されたもので、それ以降の対人コミュニケーションにおいて、私が常に意識してきたことと言っても過言ではありません。

そもそもコミュニケーションにおいて、「意味」とはどこにあるでしょうか。

**それは、自分の中ではなく、相手の中にあるものだということです。**

例えば、P157でもお話しした「少々お待ちください」「すぐにご用意いたします」という「少々」や「すぐ」は、2〜3分という感覚の人もいれば、5〜6分という人もいます。あるいは、10分や15分という人もいるかもしれません。

でも、この「少々」の意味はあなたではなく、伝える相手の中にあるものです。

これが理解できていれば、時間の伝え方はこのように変わります。

**「お包みするのに、だいたい5分前後お時間をいただきます。店内を引き続きご覧になってお待ちくださいませ」**

**「他店の在庫を確認するため、お電話をしますので10分ほどいただくかと存じます。こちらにおかけになってお待ちいただけますでしょうか」**

**クレームにおいてもこの「意味」が大事なのです。お客様の中にある「意味」をきちんと理解できないと、一度掛け違えたものがどんどん取り返しがつかないことになります。**

例えば「商品を使ってたら、この部分が傷んできたんだけど」というお客様がいらっしゃいました。ここで、恐れてすぐに謝罪するのではなく、まずお客様の中にある「意味」を共通の認識にしていく過程が必要です。

**「ご愛用いただいて、まだ1年ほどしか経っていないのに、このような傷みになってしまったことが残念だということですよね。お客様は新しい商品とのご交換がご希望ということですね」**（商品不具合に対して不満をお持ち）

**「ご愛用いただいて、1年でこんなふうに傷むなんて聞いていなかった、購入時にそうなる可能性があると、説明書だけじゃなく口頭でもスタッフにちゃんと説明してほしかったということですよね」**（説明不足に対して不満をお持ち）

**「ご配送いただくなどご提案させていただくべきところ、お客様にこのようにわざわざご足労いただいてしまい、申し訳ございません」**（返品対応に対して不満をお持ち）

というように、お客様がどの部分に不満をお持ちなのかによって、謝罪の言葉が自ずと変わります。

**闇雲に謝るのではなく必要な部分に対して謝罪をし、会社の立場として「ここは譲れない」部分があるのであれば、それはしっかりお伝えすべきです。**

このように「意味」を確認しながら進めていくと、途中で「本当に何が悪かったかわかってる？」「そこを言ってるんじゃない！」「ただクレームを言いに来た客と思ってるでしょう」という二重クレームも防ぐことができます。

## 「伝えた・聞いてない」を回避する方法

また、苦言をいただいた際、「私は取り扱いの注意点を伝えたのに、お客様が携帯を見ていて全然聞いていなかった」ということも、事実としてあるかもしれません。

**ただし、それであれば、お客様に伝わるように工夫をするべきです。**

**「（携帯）終わってからで大丈夫なので、取り扱いの説明を簡単にさせていただきます**

**ね。説明書も入っていますが、重要なところだけお伝えさせてください」**
**「駆け足でお伝えしましたが、何か不明なところはありませんでしたか？」**
**「ご愛用いただくうえで何か聞いておきたいことはありますか？　もちろん、あとから何かあれば、そのときにご連絡いただいても大丈夫です」**

というように、自分が伝えたい「意味」が、お客様にしっかり届くような伝え方ができていたか、今一度振り返ってみることが大切です。

クレーム初期の対応がよかったことで、その後顧客になったケースも多々あります。

ネガティブになってしまうシーンではありますが、ここを超えると深く長いおつき合いができる大きなチャンスでもあるので、前向きに対応していきたいものです。

POINT

**何が不満かわからなければ、心からの謝罪はできない**

# 第5章

# 「決断を後押し」するよいフレーズが、思いつかないんです

## ――未来を見せて、安心してもらう

# 36

# 後押し① 色違い・柄違いなど2つの商品で迷っている

心が動くフレーズ

「茶色に挑戦したい」と
おっしゃっていたときのお客様の
笑顔がとても
素敵だったので（理由）、
私はこちらがいいと思います

無難なフレーズ

どちらもお似合いなので
迷いますよね

お客様と一緒に悩んで差し上げることはとてもいいことです。ただ、自分まで結論が出せないことのないよう、「このようなご様子だったので、こちらだと思います」と、それまでのお客様の言動をもとに、"理由と結論"をしっかりお伝えしましょう。

お客様にヒアリングをして商品をお持ちして、を繰り返し、目の前にはお客様の好みの商品だけが並んでいる状態になりました。

ただ、こうして寄り添いながら商品を絞り込み、お客様も気に入られているにも関わらず、なぜか決めかねているご様子のときもありますよね。

**そんなときには、直接的な質問をしていいと思います。**

**「お話を伺っていると、普段のコーディネートにもぴったりですし、とってもお似合いだと思います！　でも何かちょっと決めかねている感じですよね？　具体的にどこか気になりますか？」**

すると、「このバッグはめちゃくちゃタイプで、いつもの自分のファッションにしっくりきているのもわかるんですよ。でも実は家にあるバッグが黒ばかりで。だから茶色のほうがいいかもって悩んでいるんです」など、実は……と悩んでいる理由を教えてくださることがよくあります。

その際には、次のように自分の体験を踏まえながらお伝えできます。

**「あぁなるほど、よくわかります。私もどうしてもバッグは黒が多くなってしまうんです。小さい黒、大きい黒、素材違いの黒……、どんだけ黒集めるのよってなります（笑）。でも、黒ばかりだから今回は茶色にしようと思って別の色を買っても、結局やっぱり黒がよかったとなって、翌月に同じバッグの黒を買ったこともあります。黒が落ち着くのであれば、今の気分で黒を選んでいいと思いますよ。黒をたくさん持っているから、という理由でやめると私みたいになるかもしれませんし（笑）」**

このお客様の場合、同じ形のバッグで黒と茶を最後まで悩まれていますが、普段のお客様のファッション、ワードロービングを知ったうえで、

- 普段のファッションに投入しても、すんなり使えるものがほしい
- 圧倒的に黒を何度も手にとり、目線も黒に向っていることが多い

など、お客様が「黒がほしい」という気持ちが大きいことを汲みとれている状態なので、黒を推しています。その一方で、

■「黒ばかりだから別の色にチャレンジしてみたい」という言葉がよく出ている
■茶色のほうを何度も手に持ったり、鏡で合わせたり気にしている

というご様子があれば、**茶色でコーディネートできるような洋服やシューズとともにバッグをお持ちいただき、鏡の前で茶色のバッグを持ったイメージが浮かぶようにお手伝いします。**

そして、お客様の思い描く未来と擦り合わせながら、「このようにおっしゃっていたので、こちらだと思います」としっかり理由と結論をお伝えするのです。

色違いや柄違いなど2つの商品で悩まれているときは、**「今、お気持ち的には何対何くらいですか?」**と伺うと、「6対4ですかね」と答えてくださることもあります。**「ですよね、私もそう思います。どちらもお似合いなので、正直私も一緒に悩んじゃいます**（笑）。**でも、やはりこちらのほうが少し○○ですよね。先ほどのお話からも、こちらのほうがそのような場所に行くときにもぴったりだと思いますし」**というようにお伝えします。

ただ、「ちょうど5対5くらい。どっちも本当にいいから……」とおっしゃられることもありますよね。最終的に「なんか迷っちゃった。今日は決められないからまた考えて来ます」と言われてしまうことも。

私の経験上、そんなときは両方買っちゃうのが断然いいです（笑）。

先日黒とグリーンのパンツを試着したのですが、そもそも形が私好みでした。どっちも同じくらい好きで僅差でグリーンかな、と思ってはいたのですが、黒は絶対あったら愛用するのはわかっていたんです。「好きならば両方買う」というのが私の買い方です。これを、そのままお客様にお伝えしていました。

**「私は不器用なので、新しく買ったものばかり着てしまう傾向があるんです（笑）。どちらも一緒に可愛がりながら交互に使えるので、長持ちするんですよ。探しているときはなかなか出会えなかったりするのに、探していないときにこうして出会えたりするものですよね」**

必ずしも、すべてのお客様が1点を購入するかしないかという選択ではないということです。決して押し売りにならないように、それぞれのお客様にとっての魅力をお伝えしながら、「両方とも」という選択肢も示せるといいですよね。

1点に絞らなくてはいけないというルールはないですし、2点同時に購入いただくことが、お客様の未来の満足に繋がったケースは数え切れないほどあります。

## 本人も気づいていない「言動」を伝える

あくまでもこれはおすすめなので、「いやいや、2点もいらないわ」と言われたら、一緒にどちらかに絞るお手伝いを続ければいいのです。

**その際に〝お客様ご自身では気づかれていない言動〟を客観的に述べることで説得力を持たせることもできます。**言動とは、左記のようなものが挙げられます。

- こちらを何度も手にとっていた、見ていた
- このようにお客様ご自身がよくおっしゃっていた
- 商品をお持ちになったときの表情が全く違って見えた

これをもとに、「**どちらも素敵でしたが、どちらかならばこちらがおすすめです。『これまでになかった色に挑戦したい』とおっしゃっていたときのお客様の笑顔がとても素敵だったので**」というようにお伝えできます。

それでも決められないときは、無理にその日に決めてもらうことはしません。

「**一度考えてみてもいいと思いますよ。ご自宅のクローゼットをもう一度ご覧になったり、SNSや雑誌などでこのバッグをお持ちになっているイメージをもう一度想像してみて、納得できてからがいいと思います。**

**急いで購入されるより、ちゃんと納得してこのバッグを本当に楽しんで使っていただけることが私は一番嬉しいので、そうしましょう？**」

というように、ときには〝買わせない勇気〟も持つようにしましょう。

POINT

**「両方とも」という選択肢もあると知っておこう**

# 37

## 後押し② 自社商品と他社商品で迷っている

心が動く
フレーズ

なるほど、それはたしかに魅力的で悩みますね。違いを挙げるとしたら〜

無難な
フレーズ

断然、自社商品のほうがいいですよ！

他社商品を知ったうえで、自社商品をおすすめできるかがポイントです。自信を持って自社商品を推すのもいいですが、他社のどのような商品と、どの部分で悩んでいるのか、を理解したうえでおすすめできると、より説得力が増します。

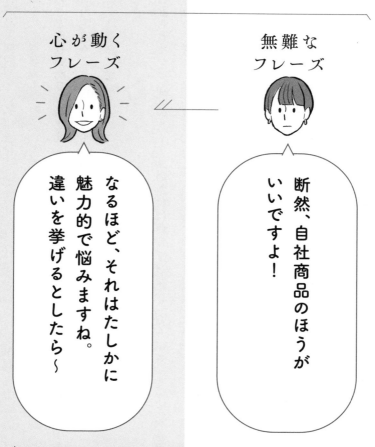

他社商品と検討している場合は、「お迷いの商品は、どのような商品なのですか？」と質問をして、写真を見せていただくなど詳細を伺います。

**このとき他社の商品を否定することは決してありません。なぜなら、迷われている商品を否定することは、イコールお客様を否定することになるからです。**

「たしかにそれは迷いますね」と共感したうえで、例えばそれがスカーフだったら、

「気になられている○○のストールの素材は何ですかね。こちらはカシミヤとシルクの混紡なので暖かくて、触れていただいてわかるように肌あたりがとてもいいのが特徴です。また、全体にかなり細かいしわ加工が入っているので、今日のような小さいバッグに、このように小さく、くるくるっと入れても大丈夫なんです」

「ストールって暑くなって邪魔になることもあれば、冷房が効いている場所でちょっと羽織りたくなることもありますよね。でも、次に使うときにしわしわだとテンションが下がるじゃないですか。それを気にしなくていいんです。来月、台湾に行かれるとおっしゃっていましたが、飛行機の中でこういう首に直接巻く肌あたりのいいストールがあると、防寒にもなりますし、気持ちもほっとしませんか？（笑）」

というように、**改めて自社商品のメリットを伝え、合わせてお客様が購入後のイメージをより具体的に抱けるよう、ライフスタイルに落とし込んでお話しします。**

それでも少し考えたいということでしたら、**「ぜひ、他社商品のここを見ていただくといいと思います」と比較するポイントをお伝えできるとベストです。**

パフスリーブのニットで、形も色もだいぶ似ている他社商品とお迷いの場合には、

**「パフスリーブのニットで形はかなり似ているのですが、ベージュの色味が絶妙に違うので、お迷いのニットの〝色味〟に着目してみるといいかもしれません。白が200色あると言われているように、ベージュにも、黄味が強いベージュやピンク味が強いベージュ、白っぽいベージュなど様々あります。私は、自社商品のこの色は本当にお客様のお肌の色を綺麗に見せてくれるベージュだと思いました。ベージュって意外と難しいんですよね。間違えるとヌードっぽく見えてしまったり。私はネットで買って失敗したことがあります（笑）。なので、お肌の色、顔移りなどをもう一度比較して見てみるといいと思いますよ」**

このように、自社商品の魅力だけを伝えるのではなく、自社商品と他社商品、両方をわかったうえでおすすめすることで説得力が増します。

そして、他社商品とぜひ比較してみてください、と気持ちよくご検討いただけるように送り出すことは、勇気がいることではありますが、同時にお客様に自社商品の自信も伝わります。

私は、「**お客様が合わせた状態で写真を撮っておきましょうか**」などと検討のお手伝いをしつつ、「**でもきっと戻ってこられると思います♡**（笑）」と伝えていました。

実際に多くのお客様がその日、もしくは後日にお戻りいただけていましたよ。

POINT

**「商品のメリット↓お客様のライフスタイルに落とし込む」説明で、自然とほしくなる**

# 38

# 後押し③「ちょっと考えます」と商品を戻してしまった

心が動くフレーズ

無難なフレーズ

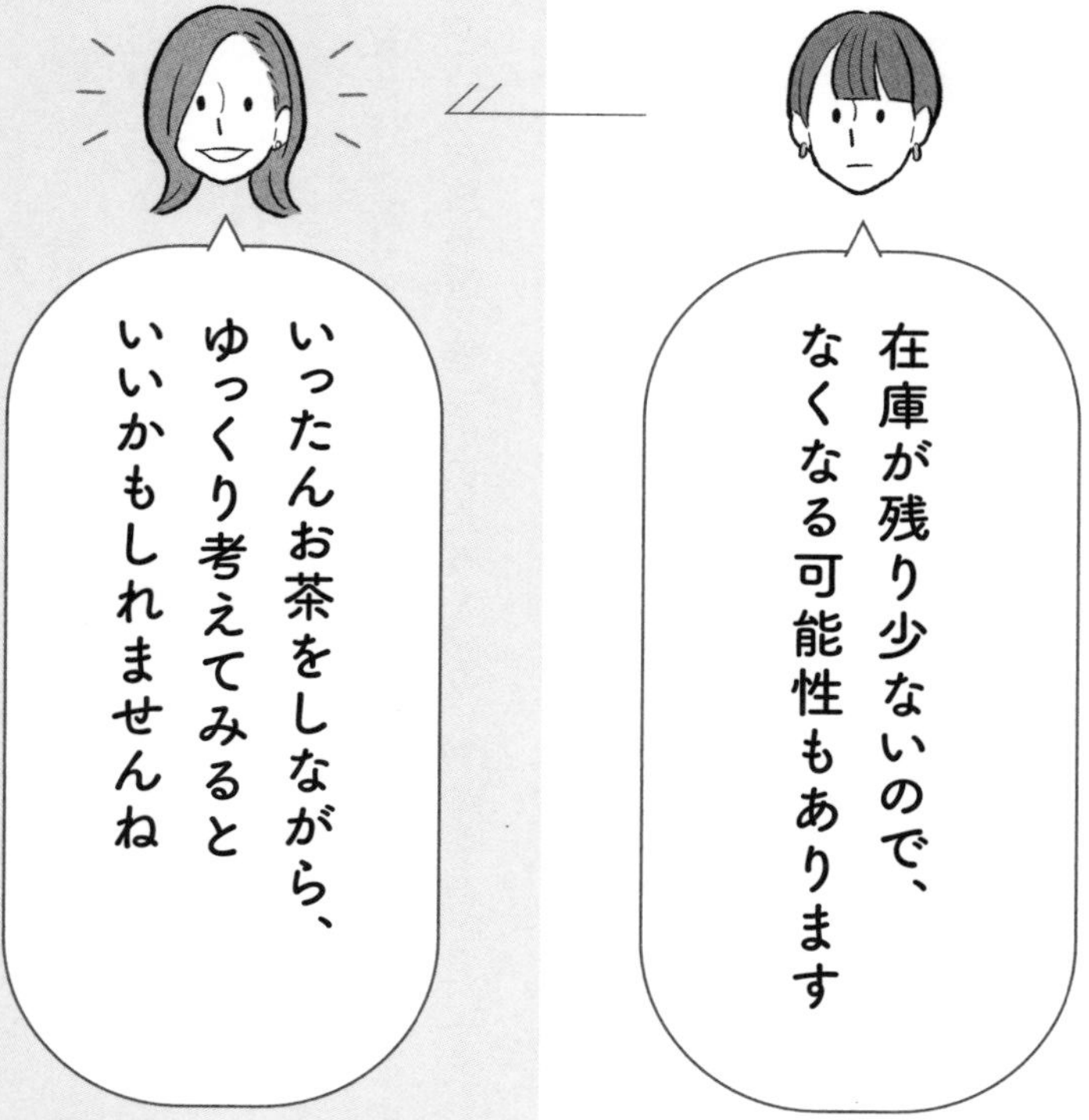
いったんお茶をしながら、
ゆっくり考えてみると
いいかもしれませんね
在庫が残り少ないので、
なくなる可能性もあります

ここまで一生懸命ご案内したからこそ、購入の決定を促すひと言、背中を押すひと言を伝えることは大切です。ただ、ときには、お客様に冷静になって検討していただけるように促すことがよい結果に繋がることもあるのです。

長い時間接客をしていたり、親身になって接客をしていたとしても、ときには「ちょっと考えさせてください」と商品を戻されてしまうこともあります。

そんなときには、前項でお伝えしているように「かしこまりました。ぜひゆっくりご検討なさってください」と快く笑顔で送り出します。

お客様にとって、**買えばよくしてくれるのはいわば当然なので、〝買わなかったのによくしてくれた〟という経験を持ち帰っていただくように努めましょう。**

私自身、購入に至らなかったときこそ、〝次にお店に来るときには絶対自分宛てにお戻りいただけるように〟と、お客様の気持ちに寄り添うことに徹していました。

例えば、あまりにも悩んで答えが出ないお客様には、

**「お客様、ランチなど召し上がりましたか？　いったんお茶をしながらゆっくり考えてみるといいかもしれませんよ」**

と〝どちらにも決められない〟というお客様の気持ちに寄り添います。そして、

**「ゆっくりご検討なさってください。でも、もし帰宅してどうしても気になるとか、毎日あの靴が気になって仕事が手につかない、なんてことがあったら大変なので（笑）、いつでも私におっしゃってくださいね」**

とお伝えしていました。

「ちょっと考えさせてください」は、喜んで考えていただきましょう。

そして考えていただいた先、自分宛てに戻ってきてもらえるように未来に目を向け、どんな言葉をかけて、どんなふうにお見送りするのがベストなのか、そこを意識すべきです。

POINT

**「考えます」と言われた瞬間、あなたはどんな顔をしてますか？**

# 39

## 後押し④　男性に響いたフレーズが、女性には響かない

心が動く行動

男女の響くポイントを
理解したうえで、
そこにフォーカスして伝える

無難な行動

男女問わず、
おすすめフレーズを
伝える

男女それぞれの特性をなんとなく把握しておくだけでも、おすすめする際のアプローチ方法は変わってきます。男性は、商品を手にして人から認められるイメージを、女性は精神的に満たされるイメージを提示するように意識してみてください。

もちろんすべての人に当てはまるわけではありませんが、長年接客をしていて、男性と女性では〝なりたい理想〟がそれぞれ違うと感じていました。

**一般的に男性は、何かを得ることで、他者からの評価を得たい・人から認められたい、という意識を持っているように思います。**

あるお客様が「同じコットンでも、千円のTシャツと7万円のルイ・ヴィトンのTシャツでは、強さが違う」とおっしゃっていましたが、私は男性のお客様に、〝強くなれる武器〟を提案している感覚がありました。

その特徴を踏まえたうえで、フレグランスを紹介するときには、

「第一印象は6秒で決まると言われていますが、嗅覚は第一印象に大きな影響を与えているんです。ミュゲ（すずらん）の香りはシャボンのような清潔感のある香りなので、見た目の印象をアップしてくれるという研究結果も出ています。

お客様のようにお仕事で初対面の人とよくお会いする方には、相手にいい印象を与えるきっかけにもなります。そして、このミュゲの香りを朝ワイシャツを着る前に胸にワンプッシュしていただくだけで、日中の汗や皮脂の嫌な香りを抑えてくれる効果も

**あります。いかにもメンズフレグランスという強く香る感じが苦手だというお客様のような方は、ご夫婦や家族でご愛用の方も多いこちらのフレグランスはとても使いやすいはずです」**

というように、香りの効能（商品のメリット）をお伝えしつつ、この武器を得たことで、他者から認められていく未来のイメージを提示して差し上げます。

**その一方で女性は、他者からの評価よりも「自分自身が満たされたい」という思いを抱かれる方が多いように思います。**そこで、

**「こちらのフレグランスに使われているセンティフォリアローズには香りを嗅ぐだけで女性ホルモンの働きを正常化する働きがあるんです。よく、ローズといえばそのような効能があると思っていらっしゃる方も多いのですが、実はその効能があるのはこのセンティフォリアだけなんです。**

**また、ラベンダーの4倍のリラックス効果がある香りなので、私は本当に心身ともに疲れたという日は、寝る前に枕にひとふきしています。頭を枕に乗せた瞬間、香りに**

**包まれてとても癒されますし、ぐっすり眠れます。あ、もともとぐっすり眠れるタイプではあるんですけど（笑）。癒しの効果があって女性ホルモンを正常化してくれる香りなんて、なんだかいいですよね」**

というように、香りの効能（商品のメリット）をお伝えしつつ、実際にこの商品を使用することで、ご自身が癒される時間、心が満たされる時間をイメージできるよう、お伝えすることで購入してくださるのです。

フレグランスを例に挙げましたが、どのような商品においても、男性に対しては商品を手にして人から認められるイメージを、女性に対しては精神的に満たされるイメージを提示するよう意識することで、よりお客様の気持ちが動くフレーズが伝えられると思います。

POINT

**男性は〝人から〟、女性は〝自分に〟、好かれたい**

# 40

## 後押し⑤ 高額品の購入を決めかねている

心が動くフレーズ

悩みますよね、わかります。私はいずれは娘に使ってもらおうと思って、半額分ってことで言い訳しながら買いました（笑）

無難なフレーズ

すごく丈夫で、長く使えますよ

お客様には、「高額だからこそ信頼できる人から購入したい」という思いがあります。だからこそ、商品知識を並べ連ねるよりも、共感しながら未来を想像させることや、罪悪感をとり除くことに注力したいところです。

高額品に興味を示してくださり、購入を悩んでいるお客様へのクロージング、それはお客様の「欲」を刺激することです。

繰り返しお伝えしているように、お客様は商品そのものがほしいわけではなく、「それを手にした未来」がほしいのです。その未来がどのような未来なのか、そこに「欲」を満たすイメージを提示できれば、購買意欲は高まります。

では、どのように「欲」を知ることができるのか。「どんな自分になりたいというイメージはありますか？」「人からどんなふうに見られたいですか？」という直接的な質問も、関係構築ができているお客様に対してはいいかもしれませんが、初対面のお客様にこのように質問するのは難しいでしょう。

ですから、**第2章でお伝えしたように、5W1Hや、過去・普段を伺う質問をしながら会話することで、お客様の「欲」を探っていきます。**

販売員「なぜ、この腕時計に興味をお持ちいただいたのですか？」

**お客様「かっこいいし、あんまり人がしているのを見たことがないから」**

販売員「たしかにあまり人とは被らないですよね。普段から人とは被らないもののほうがお好きなんですか?」
お客様「そうですね。ちょっと変わったもののほうが、おっ! ってなりません?」
販売員「わかります。そういうものを持ちこなせている感じがまたかっこいいですよね。ちなみに普段、お仕事用とプライベート用で時計を分けていますか?」
お客様「はい、仕事用として使いたいと思って見ていたんですよね。実は今してるこれ、職場の同僚と同じ時計だと気づいて(笑)」
販売員「なるほど、そうだったのですね。とても人気のモデルですよね」
お客様「そうなんですよね。今は持ってる人よく見るようになっちゃって。買ったときは周りにしている人ほとんどいなかったのに」

このように会話をすることで、お客様がどのシーンでどんなふうに見せたいのか、誰にどう見られたいのかがはっきりします。

**このお客様は、「仕事で使いたい」というニーズの中に、「人と違うものを持ちたい」という欲をお持ちだとわかるので、購入をお迷いの場合はこのように後押しできます。**

**「この腕時計は見た目にインパクトがあるので、初対面の取引先の方とお話しする際、時計をきっかけに『かっこいいですね、どこのですか？』と話が弾み距離が縮まった、なんていうお話も多いですよ。誰もがしている時計より、このような珍しいデザインのほうがお仕事でもいい働きをしてくれると思います」**

他にもお客様がお持ちの「欲」によって、同じ商品でも伝え方は無限大です。

■こんな素敵な時計が腕元にあったら、お仕事のときも時間を見るたびにモチベーションが上がると思いませんか？（仕事のモチベーションを上げたいという欲）

■どんなに大きな家に住んでいても、素敵な車に乗っていても、それを持ち歩くことはできないですよね。しかし腕時計だけは、常にお客様のお手元にあるものなので、男性にとって腕時計は、その人ステイタスを語るアイテムでもありますよね。デートでお食事に行かれる際も、バッグや靴はテーブルに隠れてしまいますが、腕元だけは常に見えるので、時計に目がいくという女性は多いですよ。（異性からモテたいという欲）

このように「仕事がうまくいく」「モチベーションが上がる」「異性からモテる」「周りに自慢できる」……など、この商品によって欲が満たされ、日常がアップグレードするイメージが湧く言葉をお伝えすることで、購入の後押しができます。

## 〝罪悪感〟をとり除く言葉がけ

購入に対して罪悪感をお持ちのお客様には、〝金額に見合う価値がある〟ということをしっかり言葉にして、寄り添いながらお伝えします。

**「決してお安いものではないので、悩みますよね。わかります。私も先日〇〇を購入したのですが、いずれ娘に使ってもらおう、だから私は半額分ってことで……と自分に言い訳しながら買いました（笑）」**

**「お子さんの代、お孫さんの代まで繋いでいけたら、いいですよね。それほど長くご愛用いただける価値のあるものです」**

**「自分の中で高いと感じることも、私は大切だと思っています。高いからこそ、大事にしようと思えたり、今日はいいものを身に着けているという自覚があるからこそ、**

**湧いてくる高揚感や幸福感が、自信として立ち振る舞いに表れたりしますよね」というように。**

**私が長年勤めてきて思うことは、高額品販売に最も大事な要素は、「あなたから買いたい」と思っていただける〝販売員の人間力〟だということです。**

高額品を購入いただくため、ついつい商品の説明をひたすら語る自分本位な接客を見かけます。知識は大事です。でもそれだけで売れるということはありません。

高額品だからこそ、むしろあなたという人への信頼が得られていれば、商品知識が足りていなくても売れることは十分にあるのです。

POINT

**トップ販売員は、ニーズの中にある「欲」に注目する**

# 41

## 後押し⑥
## 決断に不安を覚えている

心が動く
フレーズ

このお色で本当に
正解だと思います。

さっきのスタッフも、

「やはりこの色が似合ってたね」

と言っていました♡

無難な
フレーズ

ありがとうございます。
お会計は〇〇〇〇円です

「これ買います」と言っていただけたからといって、安心してお会計に進むのではなく、ここでもうひと言、お客様が「ここに来てよかった、今日買ってよかった」という気持ちになれる言葉をお伝えすることで、買い物への納得感が深まります。

あなたはお買い物のあと、罪悪感に苛まれることはありませんか？

私はよくあります（笑）。節約中なのに買ってしまった、絞れずに2色買いしてしまった、勢いで買ってしまった、また似たようなデザインを買ってしまった……、というように、お店を一歩出てすぐに罪悪感が湧いてくることも。

逆に販売員の立場で、昨日はすごく楽しそうにお買い物されていたはずのお客様から「昨日購入した商品を返品したいのですが……」と連絡を受けて頭が追いつかない、なんて経験をした方も多いのではないでしょうか。

このようなご連絡が来るときは、改めて振り返ってみると、

「こんなに明るい色を買って、本当に私、着るのかな……」
「最近買い物しすぎなのに、いいのかな……」
「こんな高いもの買って使いこなせるかな……」

というように、**不安そうな言葉や、どこか不安そうな表情をされていたなど、たしかにご案内中にシグナルが出ていたなと思い当たるはずです。**

第5章ではここまで、悩んでいるお客様の後押しをするための方法を伝えてきましたが、お客様の不安を押し切ったり、スルーしてしまうと、このような望まない結果を招いてしまうこともあります。

お客様からしても、自分都合で返品する結果になってしまったり、せっかく買った商品を楽しんで使い出せないのは、とても残念なことですよね。

ルイ・ヴィトンでは、年に何度か高額品を扱うイベントを開催していました。

普段の店頭とは違う雰囲気でのお買い物は高揚感があり、即決されるお客様も多いのですが、ひとたびお店をあとにして冷静になると、はたして本当に必要だったのか、勢いで買っちゃったかな、と不安になってきたりするものです。

だからこそ、私は、このようなイベントであっても、もちろん普段の接客であっても、お買い物の体験自体を楽しかったと思っていただき、その気持ちのまま使い始めることができるように、どうすればいいかを考えていました。

そこで、実践していたのはお会計時のお声がけです。

## 会計の言葉がけで、返品率はぐっと下がる

会計時「ありがとうございます。お会計は○○○○円です」と、スムーズに進みがちですが、ここで、この商品を選んで間違いなかった、自分自身で納得して購入した、とお客様が思えるような言葉を伝えます。例えば、

**「さっきおっしゃっていたみたいに、お持ちのブーツに合わせたら本当に最高ですよね。そのコーディネート、私も真似したいです！」**

**「今日いらしていただいて本当に正解でした。昨日だったら、完売したままでしたし、午前中だったのでご紹介できました。きっとお客様とのご縁だったのですね！」**

**「このお色で本当に正解だと思います。さっき、あちらから見ていたスタッフも、『やはりこの色が似合ってたね』と言っていました♡」**

というように、**ご案内中に会話に出ていたことを再度お伝えしたり、〝今日の買い**

**物は間違いない、正解だった〟という言葉をお伝えします。**

また、このときに別のスタッフの言葉も効果大です。私が一緒に働いていたスタッフはよくお会計の際に、

「**あ、お客様、こちらにされたのですね！　私もこっちがすごくお似合いだなぁと思って実は見ていたんです♡**」

と私のお客様に伝えてくれていました。お客様も「本当？　よかった！　嬉しい！」と安心してくださったり、より納得してお帰りいただくことができていたと思います。

あなた1人ではなくチームで、お客様のお買い物がより満足度の高いものになるように、協力していくことができれば最高です。

POINT

## 第3者からの評価は、信頼されやすい

# 42
## 後押し⑦
## ゆっくり話ができなかった

心が動く
フレーズ

今日は
お仕事だったのですか?
お疲れ様です

無難な
フレーズ

ご来店いただき、
ありがとうございました

万人に言えるフレーズよりも、目の前のお客様だから伝えられるパーソナルなフレーズが届けられたら、ほんの短い時間のたったひと言だとしても、お客様の心を動かすことができるのです。

販売員時代、休憩時間にはよく1人でスターバックスを訪れていました。

レジで注文する際、「休憩のお時間ですか？　お疲れ様です」と声をかけてくださることがあり、嬉しかった記憶があります。レジでたくさんの人を対応している中でも、パーソナルなひと言をかけてくださったことに心が動かされました。うしろにはまだまだ多くのお客様が並んでいるので長話もできないですし、本当にちょうどいい、心地よいひと言だなと感じます。

あなたにも、混雑する時間帯やスタッフが少ない時間帯に接客していると、ゆっくり話す余裕がなかったと、残念に思うことがあるかもしれません。

**しかし、このスターバックスの店員さんのように、ほんの短い時間でも、お客様の記憶に残るような言葉をかけることはできます。**

スターバックスを訪れた私は制服を着ていたため、〝仕事の合間に来たお客様ではないか〟と瞬時に察してお声をかけてくださったのですが、そのようにお客様を観察したからこそ伝えられるひと言があると、お客様は嬉しくなるものです。

私自身、あまりお話ができなかったお客様には、次のように伝えていました。

**「今日はお仕事帰りでいらしたのですか？　お疲れ様です。この時間になると外もかなり冷えてきていますので、お気をつけてお帰りくださいませ」**

あるいは、包装時にお客様が腕時計をチラチラ気にされているご様子ならば、

**「お急ぎですか？　ここを何時までに出れば大丈夫ですか？」**

**「かしこまりました。では、急ぎますね。通常10分ほどかかるのですが、とにかく急いでご用意しますね！」**

とお伝えし、5分でお渡しすることができれば、喜んでいただけます。

そして、「ありがとう」とおっしゃっていただけたら「**お客様が喜んでくださって私も嬉しいです！　またぜひお手伝いさせてください**」というように伝えます。

このように、第1章でお伝えした「お客様をよく観察して発する言葉」は、お会計時のたったひと言でも、お客様の記憶に深く残ることを覚えておいてください。

POINT

## 「関係構築」と「時間の長さ」は比例しない

# 43

## 後押し⑧ お連れ様と意見が割れている

### 心が動くフレーズ

お客様のことを
よくわかっていらっしゃる
お連れ様の意見も
大事にしたいですよね

### 無難なフレーズ

使われるのはお客様なので、
お客様がお好きなほうが
いいと思います

使用する本人が気に入ってくださることが一番ですが、お連れ様や決済される方の意見もとても大事だと思います。お客様との関係性は会話から見えてくることがほとんどなので、お2人の会話をよく聞きながら進めていく必要があります。

お客様は商品を前向きにご検討くださっていても、お連れ様が否定的なご意見だと、ご本人の意向だけで商品を決定することが難しくなることもあります。

「使われるのはお客様ですから、ご自身がいいと思うほうを選ぶのが一番です」というような、1人でいらしているお客様には背中を押すであろうフレーズも、お連れ様が反対されている状況では、不信感を抱かせてしまうことになるのです。

このような場面では、自分の意見も伝えつつ、お連れ様の意見も立てる、というようにバランスを持ってお伝えする必要があります。例えば、

**「たしかに、私もこちらがお似合いだと思うのですが、お連れ様のご意見も大切ですよね。私よりもよくお客様のことをわかっていらっしゃる方だと思いますので」**

というように。**ここで私が大事にしていたのは、〝お連れ様との関係性〟です。お客様がご自身で決められるタイプなのか、それともお連れ様の意見を聞くタイプなのか、誰の意見を大切にしたいのか。そのあたりをお連れ様とのコミュニケーションの中で着目します。**

私たち販売員は、「お客様に似合っているか」ということももちろん重視しますが、そのうえで「ご購入後の納得感」はさらに大事にすべきです。

気持ちよく商品を使い始めていただくためには、お連れ様からも「いい買い物をしたね」と思ってもらえるよう働きかけることも必要な要素だと思うのです。

P211でもお伝えした通り、せっかくお買い上げいただいても、「この人（お連れ様）によく思われていないかも」と思ってしまう状態では楽しんで使い始めることはできません。そのため、後日返品や交換しにいらっしゃることさえあり得ます。

販売員は販売してそこで終わりかもしれませんが、ご一緒にいらしているお友達やご家族との関係性はずっと続きます。そこを忘れないように、お2人の空気感を大切にしておすすめしましょう。

POINT

**すべての選択基準は、「商品を気持ちよく使い始めてもらうためには？」**

# 第6章

# 関係をぐっと深め、「永久リピート」される方法を教えてください

## ――たったひと言で、また会いたいと思われる

# 44

## 会計のときに雑談をする

心が動く
フレーズ

無難な
行動

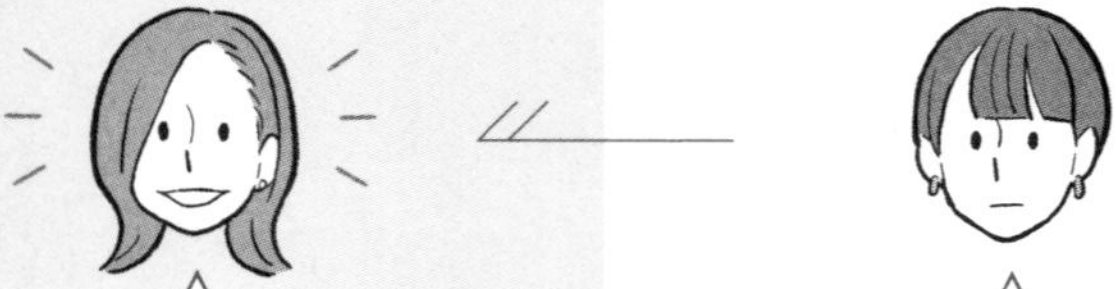

金額を間違えては
いけないので、
ちょっと集中しますね

会計をしながら
雑談をして、
どちらにも集中できない

お客様を1人にしないように、お待たせしないように雑談をしながら会計や包装をするのが基本です。ただ、2つのことを同時にするのが苦手ならば、「会計に集中するので」「ラッピング急ぎますので」とお客様にお断りし、集中して行うのもひとつです。

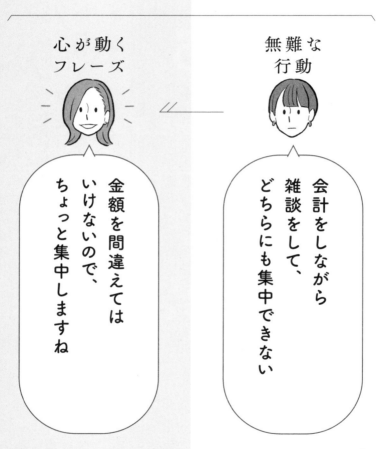

お会計や包装するとき、レジに並んでいる次のお客様の視線が気になって、慌ててしまうことはありませんか？　うしろでお待ちのお客様への配慮も必要ですが、「売れたからもういいのか」と目の前のお客様に思わせてしまうことのないよう、最後まで関係構築を全力でしてほしいところです。

**会計時は購入が決まりお客様も一番気持ちがリラックスしていて、会話が弾むタイミングです。商品にまつわる今日までの経緯・商品にまつわる購入後の未来・お客様のプライベートなどに触れてみてはいかがでしょうか。**

1／商品にまつわる今日までの経緯

**「いつもこんなふうに即決されるタイプなのですか？」「いつもご両親のお誕生日には、プレゼントをご自身で選ばれるのですか？」「以前からこの商品は何かでご覧になっていたのですか？」「今日いらしていただいて正解でした」**

2／商品にまつわる購入後の未来

**「さっそく明日から使われますか？」「このベスト、先ほどお話されてたコーデ以外にどのように着られますか？」「プレゼント、いつ頃お渡しになる予定ですか？」**

3／お客様のプライベート

**「こちらのお店には以前にもいらしていただいたことはありますか？」「今日はお仕事帰りでいらしたのですか？」「よくこのあたりはお買い物にいらっしゃるのですか？」「今日はこのあとどちらかに遊びに行かれるんですか？」**

P216でもお伝えしたように、たとえ長く会話した接客でなくても、このタイミングでほんの少しお客様のことを聞き、共感できれば「またゆっくり来るね」とおっしゃってリピートしていただけることも十分あります。

このように会計時は大きなチャンスでもあるので、淡々と会計してお見送りするだけでなく、最後まで関係構築ができるよう努めましょう。

また、ラッピングをお願いされたときも、待っているのは想像以上に長く感じてしまうものなので、可能な限りお話しできるといいですね。

「**このようにラッピングさせていただきました。喜んでくださるといいですね**」というように、ここも「購入してよかった」と再認識してもらえる場面なので、目の前のお客様の気持ちを盛り上げるような言葉を伝えながら手は急ぐようにします。

## 大切なのは、理由を言葉にすること

とはいえ、2つのことを同時進行することが苦手な販売員さんもいるでしょう。

私は会話に夢中になった結果、会計ミスを起こしてしまったことも過去にあります。

「こんなに話していて、ミスしないだろうか」とお客様に不安を与えてしまうくらいなら、そこまで楽しく会話をしていたとしても一旦中断して、

**「すみません、金額を間違えてはいけないので、ちょっと集中しますね」**

と笑顔でお伝えするのもひとつです。

**お客様のお金をお預かりする大切な場面ですので、ここは会話を優先するよりも、間違えてご迷惑をおかけしないよう会計に集中すべきです。**

ラッピングをお願いされたときも、ラッピングをしながらお客様と会話をするなど、同時に2つのことを行うのが難しい、手が止まってしまうというのであれば、無理せずお客様にそれをお伝えすればいいのです。

**「お客様、お時間大丈夫ですか？　集中してできるだけ早くお包みいたします。出来上がりましたらすぐにお持ちいたしますので、5分ほどお時間いただけますか？　店内少しご覧になってお待ちください」**

というように、お客様と一度離れてもOKです。

出来上がり次第、お客様にお渡しして、先ほどのような短いコミュニケーションをとりながらお見送りをすることで関係構築は十分できます。

**ここでのポイントは、お客様に理由をきちんと言葉で伝えることです。これができていない販売員さんは意外と多いのです。**

これまで楽しそうに会話をしていたのに、急に静かになってしまうと不自然さを感じさせてしまいます。「会計に集中するので」「ラッピング急ぎますので」と理由をお伝えすることで、お客様も安心してお待ちくださると思います。

POINT

**たったひと言の差で、リピートされるかどうかが決まる**

# 45

## 出口までお見送りする

心が動く
フレーズ

次回は今日のパンツに合う
シャツをまた一緒に
見ましょうね

無難な
フレーズ

またのご来店を
お待ちしております

出口に向かいながら一緒に並んで歩く時間は、お客様、販売員ともにも、リラックスしながら会話ができる時間です。次回を見据えた会話でお見送りすることで、よりリピートに繋がります。

出口まで商品をお持ちしてお見送り、というのは今では当たり前になりました。

しかし、非購入のお客様に対しても、出口までお見送りをしている販売員さんはまだまだ少ないように思います。

私は、商品のご紹介関係なく、シンプルにお客様と2人、少しリラックスしてお話しできるこの時間が大好きでした。意外とここまで話せなかったようなことがお客様からポロっとお話しいただけるのも、このシーンだったりします。

「実はさっきのあれ、今度のデートで着ていきたいと思っているんです」

「実は今日、ここに来るまでとても緊張していたんです。お姉さんに対応してもらって本当によかったです」

など打ち明けてくださり、もう一段階お客様との距離が縮んだなと感じる会話ができることもよくありました。

私がこの最後の一緒に歩くシーンで、どんな会話をしていたのかというと、

**「久しぶりにいらっしゃったとおっしゃっていましたが、楽しめましたか？」**と今日の統括のようなイメージでお聞きしてみたり。

**「ご愛用いただくうえで、傷みが気になってきたり、ケアのことでご質問などがあればお気軽に私宛てにご連絡くださいね」**とご購入のお客様にはお伝えすることで、後日ご相談やご質問で連絡してくださり、その後もずっとリピートしてくださるお客様が多くいらっしゃいました。

## 再来店に向けて「宿題」を出す

**さらに、よくしていたこととしては、お客様に〝宿題〟を出すことです。どういうことかというと、会話の中に再来店のフラグを立てるのです。**例えば、

「来週あたりからぐっと冷え込むみたいなので、このアウターを着るのが楽しみですね。ぜひ次回は着ていらしてください」

「ぜひさっきおっしゃってた、お持ちのシャツと今日お求めのジャケットを合わせてみてくださいね。次回感想を聞かせてくださいね」

「さっきお伝えしたシューズのお手入れ、ぜひやってみてください。見違えると思い

**ます。ぜひ次回、感想を聞かせてください」**

**「このギフトをお渡しされるときのお母様の反応が楽しみですね。私もなんだか気になります。ぜひ次回、聞かせてください」**

このように、再来店していただくフラグを立てておき、それを回収しにいく、そんなイメージです。実際再来店してくださり、お客様から宿題のお話をしてくださることもありますし、後日こちらからこの話をきっかけにご連絡することもあります。

これは、非購入のお客様でも同じです。

**「本日ご案内できて本当に楽しかったです。次回ご来店された際も、今日ご案内させていただいたところまでしっかり覚えておくので、安心してまた私を呼んでくださいね。お好みもかなりよくわかりましたので」**

というように次回のご来店を見据えた言葉をお伝えします。

また、面白かった映画の話、美味しかったレストランの話、素敵だった展覧会の話などお客様がしてくださった場合、

**「行ってみますね。次回ご来店のときにまたお話ししたいです」**

というように〝自分への宿題〟としてお伝えするのもいいですね。

ここでは、自分自身もお客様を覚えておけるように、購入非購入問わず1人ひとりを大切にしながら会話をして、最後のお見送りまでご案内することが重要です。

ファーストアプローチなど接客の始まりを意識している販売員さんは多くいますが、接客の最後のステップであるお見送りまで意識が行き届いている人はまだまだ少ないのが現状です。お見送りを大切にすることで、あなた宛てのリピートに繋がる重要な役割をしてくれると思います。

POINT

**「再来店する」前提で話すと、それが現実になる**

# 46

## 名刺を渡したり、自己紹介をする

心が動く
フレーズ

○○と申します。
前職はメンズスーツを扱うブランドで長く勤めておりましたので、ぜひ今度スーツなどもご紹介させていただけたら嬉しいです

無難な
フレーズ

○○と申します。
よろしければまたお待ちしております

自分の強みが何なのか、肩書き・担当しているカテゴリー・経歴・名前の特徴・お客様との共通点など、自分の定番フレーズを考えておきましょう。名刺をお渡ししたり、名乗るときにスムーズにお伝えでき、お客様の印象に強く残ります。

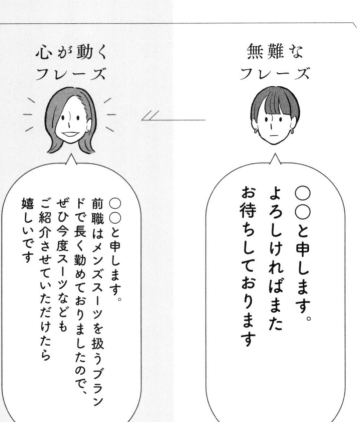

名刺をお渡ししたり、名前を名乗るタイミングは最初と最後、大きく2つあると思います。最初に名乗る目的は、お客様に「本日、私が責任をもって担当します」と、安心していただくためです。しかし、このあとの接客中にあなたの名前を覚えて呼んでくださるお客様はごく稀でしょう。

一方で、最後に伝える目的は「自分宛てに再来店いただく」ためです。

**このように目的が異なるので、たとえ最初に名乗っていたとしても、最後に必ずもう一度名乗り、お客様に名前を覚えていただく必要があるのです。**

私の場合、色々タイミングを試してみましたが、最後のお見送りで名刺をお渡しするのが流れとしてスムーズでした。

**「本日ご案内を担当させていただきました土井と申します。お話しできて本当に楽しかったです。またぜひ次回もお客様のお手伝いをさせてください。こちらに社用の携帯番号やメールアドレスがありますので、ご愛用のお品物で何か傷みが気になってきたときなど、お気軽にご連絡ください」**

**「フレグランスについてはとくにスペシャリストとして専門知識を持っているので何でも聞いてください。とはいえ、すべてのカテゴリーをもちろんご案内できますので、**

**ご安心していつでも呼んでくださいね」**

というように、**名前に加えて肩書きや担当しているカテゴリー、他にも経歴、名前の特徴、お客様との共通点など少し自分のことも話します。**

名前を覚えていただけなかったとしても、「○○を担当していると言っていた」「前職はスーツブランドで長く働いていたと言っていた」などの言葉があることで、再来店でお呼びいただけた際に、その部分を頼りにスタッフを特定することもできます。

もしあなたの苗字が珍しい名前だったり、少し読みにくい名前だったりしたら、それもひとつのチャンスです！　名前をきっかけにお話しできます。

**「山崎（ヤマサキ）と読みます。ザキヤマじゃなくて、サキヤマなので、ぜひ覚えてください（笑）」**というようにお伝えしたり。

**「田中は当店に実は2人いて、どちらも女性なんです。なのでスタッフはみんな私のことを〝ゆりさん〟とか〝ゆりちゃん〟と呼ぶのでお客様もぜひ次回ご来店の際には下の名前を呼んでください。スタッフもそのほうがすぐわかります（笑）」**というように、呼び方をお伝えしてもいいですね。

また、お客様とLINEやメールの交換ができるようであれば、「何かあればいつでもご連絡ください」と受け身になるのではなく、「私、土井から会社のメールアドレスでご連絡しますね」と積極的にお伝えしてもいいと思います。

## 必ず名刺を渡す、と決めてしまおう

買い物に行くと、まだまだ名前を名乗らない販売員さんを多く見かけます。

会話が弾んでよい印象を持っていただけても、名前がわからないとなると、せっかくのリピートいただけるチャンスを潰してしまうので、非常にもったいないです。

私は購入非購入問わず、必ず最後に名刺をお渡しすることを徹底していました（名刺がない販売員さんは、ショップカードに記入するなどでOKです）。

「名乗るからには全力で接客しなくては！」と自分への戒めにもなります。

### ■毎回の接客を一客入魂でやる

■きちんと名乗る
■名刺をお渡しして、次回もぜひ自分宛てにいらしていただけるようお伝えする

とてもシンプルなことですが、これを地道に、愚直にやり続けたことこそ、たくさんの顧客をつくってきた最大の理由です。

**気が合うお客様だけとか、購入いただいたときだけ名刺をお渡しする、名前をお伝えするなんて本当にナンセンスです。**お客様がいつ必要としてくれるかなんてわかりません。そのときのために常に種まきをし続けていくことができる人こそ、いつか多くの花を咲かせることができる人だと思います。

POINT

**伝えられる強みがなくても、「お客様との共通点」で大丈夫**

# 47

## 個人情報を記入してもらう

心が動く
フレーズ

無難な
フレーズ

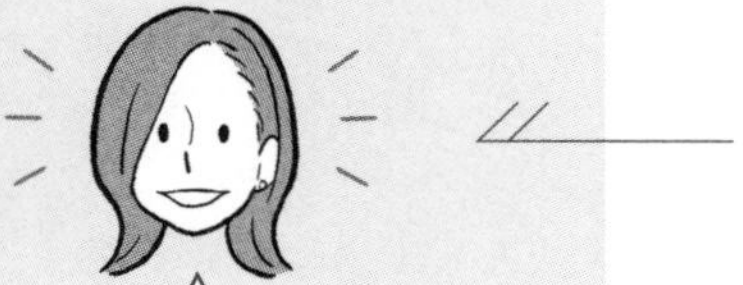

メールアドレスもいただけますか？
いち早く新商品や
イベントの情報なども
お届けできるので、ぜひ

ご記入いただき、
ありがとうございます

お客様からより多くの情報（名前・電話番号・住所・メールアドレス・LINE・誕生日など）をいただけることは、長きに渡ってブランドを、そしてあなたをリピートしていただくために重要な要素です。記入漏れがあれば、臆せずにお伝えしましょう。

お客様情報をいただく際、例えば住所や電話番号のみで、メールアドレスは書いていただけないこともありますよね。**ここで、すぐに受けとるのではなく、なぜお客様がメールアドレスを書かないのか少し探りたいところです。**

そもそも、お客様に情報を書いていただく際の工夫も必要です。

名前・電話番号・住所・メールアドレスなど、すべての箇所にペンで丸をして、「**こちらの丸で囲った箇所にご記入をお願いいたします**」とお渡しします。

ご記入が終わって一緒に確認しながら、ここでもう一度会話も弾むと思います。

「あ、お誕生日〇月〇日なんですね。私とすごく近いです！」

「〇〇にお住まいなんですね。とてもいいところですよね。一度だけ行ったことがあって」というようにお話ししてもいいですよね。

それでもやはり、メールアドレスを記入されていないようであれば、「**すみません。メールアドレスもいただいてよろしいでしょうか？**」とお伝えします。

「あ、すみません」とすぐに書いていただける場合もありますし、「メールは迷惑メールが多くてほとんど見ないんです」とおっしゃるかもしれません。

しかし、ここで「ほとんど見ない」という理由さえわかれば、

「たしかに、わかります。私も最近LINEばっかりでメールはあまり見なくなりました。ちなみにLINEは交換させていただいてもよろしいでしょうか？　今日お迷いだった商品の写真と価格をお送りしたくて」

「では、電話番号をいただいているのでショートメールは大丈夫そうでしょうか？新商品やイベントの情報などもタイムリーにお知らせできますし」


というように、メリットをお伝えしながら違う提案ができます。

ご年配のお客様は自分のメールアドレスがわからない、という方もいらっしゃいました。携帯のどの部分を見ればアドレスがわかるかをお伝えして差し上げると、「よく見えないから、見てくれる？」と携帯を手渡されることもしばしばありました。

**このように、なぜ書いていないかは、聞いてみないとわからないということです。メールが迷惑なのかもと初めから決めつけず、臆せずに伺ってみましょう。**

そして、もうひとつ考えておきたいことは、「なぜ、多くの連絡手段が必要なのか」ということです。

これは、会社からの情報を単純にお送りするためだけではなく、あなた自身からも積極的にコミュニケーションをとるためです。

〝メールをしたけど読んでくださったかな？　ＤＭを郵送したけど開封してくださったかな？　ＬＩＮＥに既読がついてるけど、イベントにはいらしていただけるかな？改めてお電話をしてみようかな？〟というように、連絡手段が多いほうが当然お客様によりアクセスしやすくなります。

## 連絡手段は、常にアップデートする

そう考えると、お客様が前回からかなり長い期間ご来店されていなかったことがわかれば、

**「ご登録のご住所やメールアドレスは、こちらで変更はありませんか？」**

と質問をして、以前いただいた情報が今もアクティブ（使える状態）なのかを確認す

る必要があります。

また、初回の接客時にいただけなかった情報も、次回ご来店の際に再度、

「**LINEはご登録されていないようですが、本日ご交換させていただいてもよろしいでしょうか？　ご登録しておくと、本日のような商品のお問い合わせがとてもスムーズかと思います**」

というようにお伝えし、情報をいただく努力を惜しまないことです。

**せっかくいただいた情報もアクティブなのか、ということが大事なので、一度いただいたらそのままではなく、久しぶりのご来店のときには確認が必要です。**

そのようにして、ブランドとお客様が、あなたとお客様が長きに渡って連絡をとり続けられる関係でいることが、顧客にしていく重要な要素なのです。

POINT

**記入漏れがあるならば、臆せずに理由を聞いていい**

# 48

# その場で次回来店のアポイントをとる

**心が動くフレーズ**

新作イベントがあるのですが、またいらっしゃれそうな日時はございますか？
お客様とまたお会いしたいので空けておきたいです

**無難なフレーズ**

新作イベントがありますので、ご都合がよろしければご来店くださいませ

お客様にもう一度お会いして、再度ご案内したいという気持ちがきちんと伝わるように言葉にしましょう。お約束しておくことで、あなたもお客様もその時間を大切に、落ち着いて対応できるというメリットも伝えましょう。

ご案内中話題にあがった商品の入荷情報や、近々予定しているイベントがあれば、その機会をうまく使って次回のアポイントをとることができます。

**「先ほどお話にあがったスカートは、来週の木曜日に再入荷を予定しているのですが、ご都合はいかがですか？　入荷から3日間はお取り置きしておけるので、来週の土日はご予定ございますか？」**

というようにお客様のご予定を伺います。「その週の土日は予定が入っちゃってて。あ、でも翌週の土曜なら来れるかも」とおっしゃっていただけたら、**「でしたら、その直前に在庫を確認して一度ご連絡いたしますね」**とお伝えします。

「ちょっとわからないです」というように濁されてしまうようであれば、**「そうですよね。では、もしお立ち寄りいただけそうでしたら、ぜひお気軽に呼んでください。今日お客様にご紹介させていただいたアイテムも把握していますので、またお手伝いさせていただけたら嬉しいです！」**

というように、お客様との時間がとても楽しかったので、また自分がぜひご案内したいという気持ちをお伝えします。イベントのご案内も同じです。

「今日ご紹介させていただいたフレグランスですが、実は来週末に新しいフレグランスの発売イベントがありまして、ぜひもう一度体験しにいらっしゃいませんか？　普段の店内でのご案内とは少し違ってスペシャリストによるデモンストレーションなどもお楽しみいただけます」

「イベント期間は少し混雑するので、お待たせしてしまう可能性が高いんです。オープンすぐの11時か、14時、18時からでしたらご案内が可能なのですが、いかがでしょうか。お客様とまたお会いしたいので空けておきたいです」

というように、**次回来店の日時などを伺うことで、お客様のために時間をつくって差し上げられることをお伝えします。**

また、「名前を呼んでいただけることがこの仕事をしていて一番嬉しいことなので、ぜひ呼んでいただきたいです」「お会いできなかったときにショックなので、ぜひいらしたときにはお気軽に呼んでください」と言葉にしてお伝えすることも大事です。販売員からすると、ご来店日時を把握しておくことで、気になられている商品のサイズ在庫を確認するなど、事前に準備することができます。

お客様によってはご自身のタイミングで来たいという方も多くいらっしゃいますが、**お約束することで、あなたもお客様もその時間を大切に、落ち着いて対応できるというメリットがあるので、お客様にそのメリットをお伝えしながら、アポイントをとっていきたいですね。**

日々多くのお客様からご指名いただき、アポイントで予定がいっぱいな販売員になれることはとても幸せなことです。

一度お会いしたお客様に「次回もあなたに対応してもらいたいから、○月○日の○時頃に来るわね」とご予約いただけるのが理想だと思います。

POINT

**「予約するメリット」「また会いたい気持ち」を言葉にしよう**

# 49

## 誕生日にお祝いの連絡をする

### 心が動くフレーズ

（たまに電話で）
お誕生日おめでとうございます！
この言葉を
直接お伝えしたかったので、
今日はお電話してしまいました

### 無難なフレーズ

（いつもメールで）
お誕生日
おめでとうございます

定型文のお祝いメールは、長きに渡って関係を構築していくうえでは、もの足りなさを感じます。パーソナルな一文を加えてみたり、サプライズとして電話でお祝いの言葉をお伝えすることができれば、お客様にもより思いが届くのではないでしょうか。

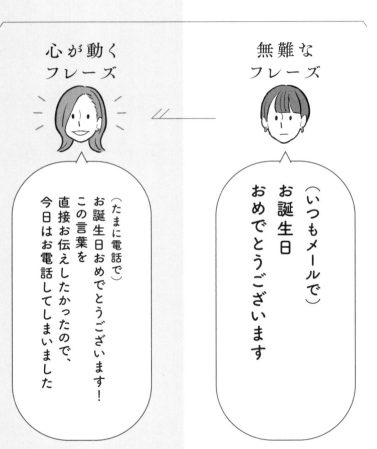

顧客の方の誕生日・記念日というタイミングにうまく来店誘致に繋げている同僚がいて、本当にすごいなぁといつもそばで見ていました。

私自身は、実はあまり得意ではなかったのです。誕生日をきっかけにお呼びするというのが、商品を購入していただくための口実だと思われないか、考えすぎてしまうのが原因でした。

だからこそ、誕生日の近い日にご来店くださるアポイントがとれた際には、お客様には内緒でショートブーケをご用意し、帰り際にさらっとお渡しするというケースが多かったように思います。

**もうひとつ、一度でも私から購入してくださったお客様へのお祝いのご連絡は、日々のルーティンとして組み込んでいました。**

- その日、誕生日のお客様がいればお祝いの連絡をする
- 直近のご購入のお客様にお礼の連絡をする
- お客様からのご連絡に1つひとつ返信をしていく（メール・LINEなど）

これが出勤してまず先にやる3つのことです。

私は後回しにすると忘れてしまうタイプなので、必ずやるべきこの3つを決めておくことで、毎年のお客様のお祝いも欠かさずに続けることができました。

毎日何人ものお客様を対応するので、常にすべてのお客様にご連絡をし続けることはできませんが、このような誕生日のタイミングは、その後ご来店されていないお客様にご連絡するよいきっかけになります。

私は、電話だと相手の状況が見えないので、電話によって相手の時間を中断させてしまうのではないかと気になってしまいます。そのため、お祝いのご連絡も基本LINEやEメール、ショートメールで送るのですが、**なかなかお会いできていないお客様にはあえてお電話をすることもありました。**

「**お誕生日おめでとうございます！　この言葉は直接声でお伝えしたかったので**」

「**最近お会いできていなかったので、直接お声が聞きたくてお電話しちゃいました**」

と、お伝えすると、本当に喜んでいただけました。

何気ない電話でのお祝いも、「今日お祝いを言ってくれたのは土井さんが初めてよ。もうおめでたい歳でもないけど、なんか嬉しくて泣きそう」なんて、涙声で喜んでくださるお客様もいらっしゃいました。お客様にとって特別な日に、自分の声と温度をもってお祝いしたいという気持ちが伝わっていたのだと思います。

また、新規のお客様でも、「実は今日誕生日で。自分で使うんですが、ラッピングしてもらってもいいですか?」とおっしゃってくださったとしたら、

**「自分へのプレゼント、いいですよね♡　私もやります。リボン可愛いですし、開けるときがまた嬉しいですよね♡」**

とラッピングしたのちに、紙袋の中にメッセージを書いて忍ばせておきます。

お帰りになったあと、メッセージを読んでほんの少しでも素敵な誕生日を演出できたら嬉しいですし、お買い物の体験をより素敵な記憶として残すことができれば、商品に対する愛着や幸福感はより強いものになると思うのです。

## そのお祝いは、来年も続けられますか?

顧客の方へのお祝いは、毎年継続できなくては「去年はお祝いしてくれたのに今年は?」と感じさせてしまいます。**大袈裟かもしれませんが、お祝いをしていくのには**

**それだけの覚悟も必要だということです。**

誕生日の祝い方に、これが正解ということはありません。

毎年ご連絡は必ずする、ということが私にとって継続できる最良の方法だったので欠かさず行っていましたし、冒頭でお話しした同僚は、毎年店舗にお呼びしてお店で盛大にお祝いをするということを徹底していました。

**方法が何かということよりも、長きに渡って自分宛てにリピートしていただくために継続してできること、そして心を込めてお祝いすること、それが最も大事なことなのです。**

POINT

**ちょっとしたサプライズで、気持ちは十二分に伝わる**

# 50
## 顧客の方からお客様を紹介してもらう

心が動くフレーズ

（お連れ様に対して）
本日はご来店ありがとうございます。
お連れ様も以前にいらしていただいたことはありますか？

無難なフレーズ

どなたかお知り合いを紹介していただけませんか？

お連れ様にも関心を示し、これまでご来店いただいたことがあるか、このブランドをご存じか、ご愛用いただいたことはあるか、などお話ししたことがきっかけで、お連れ様と長く深いおつき合いが始まることもあるのです。

「お客様から知り合いを紹介していただこう」と意識したことは、これまで一度もありません。ただ、私の顧客の15％は、もともとはお客様のお連れ様だった方々です。

P54でもお伝えしたように、お連れ様にもその日のご来店の体験が楽しかったと思っていただけるよう配慮しながら接客をしたことが、のちに1人でもご来店しやすい関係をつくり上げていたと自信を持って言えます。

例えば、カップルでご来店されたとして、今日商品をご覧になっているのが男性の方であっても、女性の方とも会話をしながら打ち解けていくことで、後日女性が1人でご来店され、男性へ贈るギフトの相談をしてくださることがありました。

こうして初めは2人でご来店された友人同士、同僚、カップル、夫婦、親子などのお客様も、その後は1人ずつご来店くださるケースがよくありました。

**たとえ、最初の来店がどなたかのつき添いであったとしても、「そのときの自分の対応次第で、顧客になり得る可能性をすべての方が持っている」という認識を持つことが大事なのです。**

また、顧客の方から信頼をいただけていたことで、「ルイ・ヴィトンに行くなら土井さんがいいよ」と周りのお知り合いにすすめてくださり、ご来店いただいたケースもあります。あるお客様は、7名のお知り合いをご紹介くださったこともありました。シンプルにいいものや好きなものは、大切な人にこそ共有したい、というのはごく自然な感情です。

特別なことは何もする必要はありません。一客入魂の積み重ねで、たとえお連れ様であっても、今日は買わないという方であっても、ご来店されるすべてのお客様がいずれ顧客になる可能性があるという意識を持ちながら、本書でお伝えしたように関係構築をしていく、ただそれだけなのです。

POINT

**日々の積み重ねが、やがて大きな実を結ぶ**

お客様と販売員という関係でも、ベースは「人」と「人」です。

私は友人と会ったとき、「今日は会えて本当に嬉しかった。○○と会うといつも元気をもらうよ。ありがとう」と伝えます。このようにストレートに伝えるのは照れくさかったりもしますが、いつも一緒にいる家族にも、離れている両親や兄にも、できるだけそのときに思ったことを、愛を、言葉で伝えるようにしています。

それは、お客様に対しても同じです。

**「今日、お客様を担当させていただけて、本当に楽しい時間でした」**

**「次回もまた、私にご案内させていただけたらとても嬉しいです」**

**「またぜひ、お客様とお話ししたいです」**

というように。思っていても言葉にしなければ、伝わらないのです。

ときに、お客様に気を遣うあまり、こんなことを聞いては失礼かなと考える場面もありますが、臆せずに勇気を出して伝えます。あやふやにしてしまうことで、お客様の理解とズレが生じ、とり返しがつかなくなることもあるからです。

このように、十人十通りのお客様と真摯に向き合い心を通わせることは、とてもエネルギーがいることです。心が消耗してしまう日もあるでしょう。

**それでも、お客様の心を掴み、「あなたがいたから」と認めていただけたとき、そこには大きな喜びがあります。そのためには〝無難なフレーズ〟より、あなたという「人」が伝わるようなフレーズに変えていく必要があるのです。**

「販売員」としてのあなたではなく、「あなた」はどんな人ですか？

友人や家族や同僚といるときのあなたは、どんな人ですか？

すべてではなくていいのです。ほんの少しでも、あなたという「人」が伝わる接客を意識することで、リピートになる可能性は大きく広がっていきます。

本書を最後まで大切に読んでくださり、本当にありがとうございました。

明日からほんの少し「言いかえ」を意識することで、あなたと、あなたと出会ったお客様にたくさんの笑顔が生まれますように。

土井美和

元ルイ・ヴィトン トップ販売員の
接客《せっきゃく》フレーズ言《い》いかえ事典《じてん》

2021年11月30日　　初版発行
2024年 9 月12日　　6刷発行

著　者……土井美和《どいみわ》
発行者……塚田太郎
発行所……株式会社大和出版
東京都文京区音羽1-26-11　〒112-0013
電話　営業部 03-5978-8121 ／編集部 03-5978-8131
https://daiwashuppan.com
印刷所……信毎書籍印刷株式会社
製本所……株式会社積信堂
装幀者……三森健太（JUNGLE）
イラスト……山崎真理子


ISBN978-4-8047-1885-9

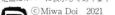

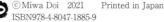